죽도록 일하는 사회

HATARAKISUGI NO JIDAI
by Koji Morioka

Copyright ⓒ 2005 by Koji Morioka
Introduction copyright ⓒ 2018 by Koji Morioka
Originally published in 2005 by Iwanami Shoten, Publishers, Tokyo.
This Korean edition published 2018
by Journey to Knowledge, Seoul
by arrangement with Iwanami Shoten, Publishers, Tokyo
through Danny Hong Agency, Seoul

죽도록
일하는
사회

삶을 갉아먹는
장시간 노동에 관하여

모리오카 고지 지음
김경원 옮김

일러두기

1. 이 책은 森岡 孝二, 『働きすぎの時代』(岩波書店, 2005)를 옮긴 것이다.
2. 각 페이지에 있는 주석은 옮긴이 주다.
3. 단행본이나 잡지, 신문은 겹꺾쇠표(《》), 짧은 글과 방송 등은 홑꺾쇠표 (〈〉)로 표시했다.

한국어판 서문

이 책에서 나는 감소하는 경향을 보이던 노동시간이 1980년대 초부터 21세기 초에 걸쳐 다시금 증가하기 시작하면서, 세계 곳곳에서 과노동이 사회문제로 떠올랐다는 사실을 분명하게 밝혔다. 이는 전쟁이나 경기순환의 영향이 아니다. 세계화globalization, 정보통신혁명, 소비사회의 성숙, 고용과 노동에서의 규제완화, 주주자본주의의 대두, 신자유주의적 성향의 정책 이데올로기의 석권 등 현대 자본주의 사회에서의 총체적인 변화가 그 배후에 놓여 있다.

이 책의 일본어판을 출간한 것은 2005년이다. 마침 이 무렵부터 일본에서는 파트타임을 비롯한 비정규 고용의 저임금 노동자가 급증하고, 고용과 소득에 의한 계층분화가 확대되어 '격차사회'라는 말이 퍼져 나갔다. 이와 동시에 일본에서는 잊힌 '워킹 푸어working poor' 라는 말이 미국을 경유해 다시 수입되어 인구에 회자되기 시작했다.

참고로 미국에서 데이비드 K. 쉬플러David K.Shipler의 저서《워킹 푸어, 빈곤의 경계에서 말하다》가 간행되어 화제를 모은 것이 2004년이고, 이 책의 일본어판이 나온 것은 2007년이다.

'블랙 기업'이라는 말이 젊은이들 사이에서 '취직하고 싶지 않은 회사'의 대명사로 쓰이기 시작한 것도 2005년 즈음이었다. 블랙 기업에서는 매일 밤낮으로 장시간의 시간외 노동(잔업)이 이루어지는데도 잔업 수당은 일부밖에, 혹은 거의 지불하지 않았다. 정규직으로 채용되어도 장시간 노동과 스트레스 때문에 과로사와 과로 자살에 내몰리는 젊은이가 줄을 이었다. 죽음에 이르지는 않더라도 '혹사시키다가 여차하면 내치는' 고용관리 상태에서 젊은이가 제대로 일을 하기는 쉽지 않다.

2008년 가을에 발생한 리먼 쇼크로 세계 무역이 급격히 하강하면서 수출 의존도가 높은 일본의 제조업은 전례 없는 대불황의 나락으로 떨어졌고, 수많은 파견 노동자가 하루아침에 해고당하는 사태가 벌어졌다. 불황의 영향으로 정규직의 채용도 대폭 줄어들어 2009년부터 2011년까지는 '신빙하기'라고 일컬어질 만큼 취직이 어려웠다.

2012년 12월에 치른 총선거의 결과, 제2차 아베 내각이 발족했다. 정부는 '아베노믹스'를 내걸고 고용과 노동조건을 개선하겠다고 선전했다. 그러나 실제로는 고용의 비정규화와 계층화로 나아갔고, 일본의 노동사회는 일하는 사람들을 정규직, 파트타임, 아르바이트, 파견 노동자, 기타 다양한 고용 신분으로 분열되었다. 또한 일본에서 아르바이트는 애초에 학업과 병행하는 학생의 노동을 의미했지만, 오늘날에는 파트타임과 마찬가지로 시급으로 지급하는 유기有期 고용 형태의 호칭이 되었고 학생뿐 아니라 일반인에게도 널리 사용하고 있다. 군이 비교하자면 아르바이트는 파트타임에 비해 고용의 일시적 성격이 강하고, 남녀 비율로 볼 때는 여성이 파트타임 비율이, 남성은 아르바이트 비율이 높다는 차이가 있다.

파트타임이나 아르바이트 같은 비정규직 노동자의 대다수는 단시간 노동자이다. 그래서 전체 노동자 가운데 비정규직 노동자가 차지하는 비율이 높아지면, 노동자 1인당 평균 노동시간은 감소한다. 총무성의 〈노동력 조사〉에서 최근 반세기 동안 평균 노동시간이 가장 길었던 1988년을 기점으로 2015년까지 일어난 변화를 살펴보면, 주 35시간 미만의 단시간 노동자 비율은 12퍼센트에서 30퍼센트로 (남성은 5퍼센트에서 12퍼센트로, 여성은 24퍼센트에서 47퍼센트로) 높아졌다. 그에 따라 같은 기간에 남녀 합계 연간 노동시간은 2,480시간에서 2,044시간으로 300시간 이상 감소했다.

그러나 비정규직 노동자를 포함한 전체 노동자의 평균 노동시간으로는 일본인의 과노동을 논할 수 없다. 최근에는 여성의 장시간 노동도 문제로 떠올랐지만, 전체적으로 볼 때 남성 정규직이 훨씬 더 심각한 상황에 놓여 있다. 5년마다 실시하는 〈사회생활 기본조사〉의 2016년도 결과에 따르면 남성 정규직의 과노동 시간은 53시간이다. 연간으로 환산하면 2,700시간을 넘는다.

일본은 유난히 오랜 시간 일하는 나라로 유명하다. 전일제 노동자의 주 노동시간에 관한 OECD의 데이터와 일본의 〈사회생활 기본조사〉가 밝힌 데이터를 비교하면, 일본의 남성 전일제 노동자는 미국과 영국보다 약 10시간(연간 약 500시간), 독일과 프랑스보다 약 12시간(연간 약 600시간) 더 오래 일한다.

그러나 이러한 데이터로도 일본의 초超장시간 노동은 설명할 수 없다. 이 책의 일본어판을 간행할 당시, 후지쓰富士通의 자회사에서 시스템 엔지니어로 일하다가 2006년 1월에 과로사한 니시가키 가즈야西垣和哉 27세 씨는 업무가 최고로 집중된 시기에는 한 달에 128시간 57분에 이르는 시간외 노동을 했고, 연속으로 37시간이나 근무하기도 했다. 유명한 대기업 광고회사인 덴쓰電通에서는 신입사원이었던 다카하시 마쓰리高橋まつり, 24세 씨가 과로와 혹사에 의한 우울증으로 2015년 12월에 자살했다. 그녀가 우울증에 걸리기 한 달 전에 행한 시간외 노동은 노동기준감독서가 확인한 것만으로도 105시간에 달했다. 간사이關西전력 다카하마高浜원자력발전소에서 근무하다가 2016년 4월에 과로 자살로 세상을 뜬 남성(40대 과장직)이 그해 2월에 일한 시간외 노동은 200시간을 웃돌았다.

오늘날 일본에서 과로사에 이를 만큼의 장시간 노동을 용인하는 것은 구속력이 약한 노동기준법이다. 이 법은 사용자가 노동자에게 하루 8시간, 1주 40시간을 넘는 노동을 명해서는 안 된다고 말한다. 그러나 여기에는 빠져나갈 구멍이 있다. 사용자는 노동자의 과반수

죽도록 일하는 사회

가 가입한 노동조합 또는 그에 준하는 과반수 대표와 '36협정'이라고 불리는 노사협정(동법 제36조에 근거한 시간외 및 휴일 노동 협정)을 체결해 노동기준감독서에 제출하면, 아무리 장시간 일을 시켜도 처벌받지 않는다. 36협정마저도 체결하지 않은 채 장시간 잔업을 시키는 중소기업도 적지 않다.

1998년에 이르러 정부는 노동성(현 후생노동성)의 장관 고시에 의해 36협정에 나와 있는 노동시간의 연장에 대하여 1주 15시간, 한 달 45시간, 1년 360시간 등 한도를 설정했다. 그러나 이는 휴일 노동을 포함하지 않았을 뿐 아니라, 지도 기준을 제시한 것에 불과하며 법적 강제력이 없다. 더구나 예산과 결산 업무, 업무의 과중, 납기의 재촉, 고객 불만이나 기계 고장에 대한 대응 등의 사유를 첨가해 특별 조항이 딸린 협정만 체결하면 앞서 언급한 한도를 넘어 노동시간을 무제한으로 연장할 수 있다는 꼼수가 있다. 게다가 건설, 운전, 신기술과 신제품의 연구 개발 같은 업무에는 노동시간의 연장 한도에 관한 지도 기준조차 적용되지 않는다.

노동조합은 36협정에 의한 노동시간 연장을 저지할 수 있다. 그러나 실제로 대부분의 노동조합은 조합원이 낮은 임금을 잔업 수당으로 보충하는 사정을 고려해 노동시간의 규제와 단축에 소극적이다. 따라서 그들은 과로사를 초래할 만큼 비정상적으로 긴 시간외 노동을 용인하는 36협정을 받아들여 온 것이다.

한국은 일본과 나란히 노동시간이 긴 나라로 알려져 있다. 그러나 법제도를 비교하는 한 일본의 노동시간 규제는 한국에 비해 훨씬 약하다. 한국의 근로기준법과 일본의 노동기준법은 둘 다 1주간의 법정 노동시간을 40시간으로 정하고 있다. 다만 다른 점이라면 시간외 노동(초과 근무)에 대한 규제의 유무이다. 한국의 근로기준법은 주 40시간을 기준으로 12시간 이내의 초과 근무를 인정하는데, 실제 노동 행정에서는 휴일 근무를 주 16시간까지 허용하기 때문에 주 노동시간의 상한을 68시간으로 해석해왔다. 이때 1주일에 해당하는 시간외 노동의 상한은 28시간이다. 36협정의 절차만 밟으면 노동시간의 법적 규제를 해제할 수 있는 일본에 비하면, 한국은 시간외 노동의 상한 규제가 있는 것만으로도 그런대로 나은 편이다.

문재인 대통령 정권에서 주 52시간 근무제를 도입한다는 소식을 들었다. 보도에 따르면 종업원 300명 이상인 사업장과 공공기관에 2018년 7월 1일부터 개정법을 적용한다고 한다. 나아가 종업원 50~299명의 사업장은 2020년 1월 1일부터, 종업원 5~49명의 사업장은 2021년 7월 1일부터 개정법을 적용하는 유예 조치를 취했다고 한다. 다만 이와 같은 한국의 개혁은 종업원 30명 미만의 사업장에 대해서는 2022년 12월 31일까지 노사 협의에 따라 8시간 연장을 추가적으로 인정하는 특례 조치를 설정했다는 점에서 문제를 남기고 있다. 그럼에도 다음에 서술하는 일본의 '일하는 방식 개혁'이 설정한 시간외 노동의 상한 규제에 비하면 월등하게 전진한 개혁이라고 평가할 수 있다.

아베 정권은 ①노사가 정한 일정 시간 이외에는 노동시간이라고 간주하지 않고 잔업 수당도 지불하지 않는 재량노동제를 영업직까지 확대할 것, ②일부 고소득 전문직을 노동시간 규제에서 제외하는 '고도 프로페셔널 제도'를 창설할 것, ③과로사에 이르는 장시간 노동을 법률로 인정하는 시간외 노동의 상한을 설정할 것을 제기해왔다. 이 가운데 ①에 대해서는 재량노동제를 적용하는 노동자의 노동 시간이 일반 노동자보다 짧다는 허위 데이터를 전제로 제안한 사실이 밝혀짐으로써 법안에서 삭제되었다. 그러나 ②와 ③에 대해서는 여전히 수적인 우세를 앞세워 밀어붙이려고 하는 중이다.

정부안을 보면, ③은 36협정에 의한 시간외 노동의 상한을 원칙적으로 월 45시간, 연 360시간으로 정했고, 나아가 임시적인 특별 사정이 있을 때는 특별 조항이 딸린 36협정의 체결을 조건으로 월평균 100시간 미만, 2~6개월 평균 월 80시간 이내, 1년 720시간(특별 기준의 휴일 노동을 포함하면 960시간) 이내의 시간외 노동을 법률로 인정하고 있다. 이는 최근 과노동에 의한 뇌·심장 질환을 산재로 인정한 건수의 절반 이상이 월 100시간 미만의 시간외 노동으로 일어났다는 사실을 무시한 기만적인 상한 규제이다. 이래서는 과로사가 늘어나는 일은 있어도 없어지는 일은 없다.

정부가 말하는 상한 규제는 1일 8시간, 1주 40시간의 법정 노동시간을 초과한 시간외 노동의 한도에 대한 취급을 유보하고 있다. 정부안에 의하면 1일 15시간의 시간외 노동도, 1주 99시간의 시간외 노동도, 1개월 간의 시간외 노동을 합한 시간이 100시간 미만이 기만 하면 위법이 아니라는 말이 된다. 월 100시간의 시간외 노동은 주 5일×월 4주로 환산하면, 1일 평균 5시간의 시간외 노동을 의미한다. 세계적으로 유례가 없는 가혹한 제도를 법률로 정한다는 것은 근간을 이루는 법정 노동시간을 갈아엎어 노동시간의 직접 규제에 크나큰 훼손을 가하는 일이나 다를 바 없다.

노동기준법에 의한 노동시간의 규제를 강화하려면 1일 8시간, 1주 40시간이라는 법정 노동시간을 기본으로 삼아 현행 36협정이 정한 시간외 노동의 한도에 관한 기준(주 15시간, 월 45시간, 연 360시간)에 법적 구속력을 부여하도록 요구해야 한다. 그 경우 임시적인 특별 사정을 허용하는 36협정의 특별 조항은 폐지해야 할 것이다.

2014년 6월 '과로사를 생각하는 전국가족모임'이나 '과로사변호 단 전국연락회의' 등의 노력이 결실을 맺으며 의원 입법에 의해 과로사 방지대책 추진법(약칭 과로사 방지법)이 의회 전체의 일치로 성립해 같은 해 11월에 실시되었다. 아울러 과로사 방지대책 추진협의회가 출범했고, 그 의견을 받아들인 과로사 방지대책에 관한 대강령을 2015년 7월 각료회의에서 결정함으로써 과로사 등 실태조사 연구, 과로사 방지에 대한 계발, 상담 체제의 정비, 민간단체에 대한 지원 등을 실시해왔다.

이미 시행한 지 3년이 지나 이 법과 대강령을 수정하는 작업이 시작되었다. 민간단체의 과로사 방지 센터에서 협의회로 들어온 7명의 위원은 이 법을 과중 노동 대책법으로 확충할 것, 직장의 혹사 방지를 포함할 것, 사용자 및 노동조합의 책무를 명확히 밝힐 것, EU의 지침처럼 최저 11시간 이상 계속 휴식을 취할 수 있는 규정을 도입할 것, 기업은 노동시간을 엄격하게 파악할 의무가 있다는 것 등을 명시할 것을 요구하고 있다.

이러한 법제도의 개혁 없이는 '과로사 없는 인간다운 노동'을 실현하기가 불가능하다. 현재 국회에 제출해놓은 '일하는 방식 개혁' 관련 법안이 강행된다면, 일본은 노동시간의 규제와 단축이라는 측면에서 한국보다 크게 뒤쳐질 뿐 아니라, '죽도록 일하는 나라'라는 국제적인 불명예를 계속 감수해야 할 것이다.

일본에서 과로사가 심각한 사회문제로 알려진 계기는 1988년에 출발한 '과로사 110번'(변호사 그룹이 과로 문제에 관해 전화 상담을 실시한 활동)이다. 1988년 11월 13일 《시카고 트리뷴》은 '과로사 110번'을 통해 최초로 산재를 인정받은 히라오카 사토루平岡悟·48세 씨의 죽음이 'Karoshi('과로사'의 일본어 발음)'라고 세계를 향해 발신했다. 히라오카 씨는 베어링 공장의 작업장을 맡아 1일 12시간에서 16시간, 주 72시간, 때로는 95시간이나 일하는 '회사 제일'의 '기업 전사'였다고 기사는 보도했고, 'Japanese live …… and die …… for their work(일본인은 일에 …… 살고, 일에 …… 죽는다)'라는 소제목을 붙였다.

나는 1995년에 《기업 중심 사회의 시간 구조》라는 책을 썼다. 이 책에서 더글라스 스미스Douglas Smith와 사이토 시게오斉藤茂男의 대담

《왜 일본인은 죽도록 일하는 것입니까?ナゼ日本人ハ死ヌホド働クノデスカ?》
(1991년)를 염두에 두고, 일본에서 '과노동'이란 단어는 글자 그대로
죽도록 일하는 것을 의미한다고 적었다. 또한 앞의 저작을 보완해
2013년에 출판한《과로사는 고발한다─현대 일본의 기업과 노동過
労死は告発する─現代日本の企業と労働》에서는 다음과 같이 기술했다.

　이 나라에서 일하는 사람들 대다수는 너 나 할 것 없이 과노동에 시달린
다고 생각한다. 전국 곳곳에 '죽도록 일하는' 현실이 펼쳐진 까닭이다. 이때
일본에서 말하는 '과노동의 기준'은 법정 노동시간이 아니라 '죽도록 일한
다'는 말 속의 '죽음', 요컨대 '과로사'를 가리킨다. 과로사는 지나치게 일하
는 이 나라의 현실을 고발한다. 이와 동시에 과노동이 초래하는 죽음이야말
로 심각한 사회문제이며, 정부 차원에서 연구하고 대책을 세워야 한다는 점
을 호소한다.

　이 문제는 과로사 방지법을 제정해놓은 오늘날에도 해결되지 않
았다. 2017년 6월 6일 자 웹사이트 〈BBC NEWS JAPAN〉은 '죽도
록 일하는 일본의 젊은이'라는 제목 아래 다음과 같이 기술한다. "일
본인의 노동시간은 세계 최고 수준을 자랑한다. 젊은이 중에는 글자
그대로 죽을 때까지 일하는 사람도 있다. 그래서 정부를 향해 대책
강화를 요구하는 목소리가 높아지고 있다."
　올해 6월 2일에는 삿포로시 홋카이北海학원대학에서 과로사 방지

학회가 열리는데, 중국과 한국에서도 발표자를 초대해 '일본, 중국, 한국의 과로사 방지 국제 심포지엄'을 개최할 예정이다. 6월 13일에는 도쿄에서 '과로사 110번' 30주년 기념 심포지엄이 열린다. 이렇게 특별한 해에 '죽도록 일하는 사회'에 경고를 보내는 졸저의 한국어판이 출간되어 무척 기쁘다. 또한 졸저《고용 신분 사회》(갈라파고스, 2017년)의 번역자이기도 한 김경원 씨가 재차 번역을 맡아준 점도 반갑다.

나는 2012년 10월 말에 '노동시간 단축과 고용 창출'이라는 주제로 서울에서 열린 한국, 스웨덴, 독일, 프랑스, 일본 공동의 국제 심포지엄에 참가했다. 2015년 9월에는 일본의 과로사 방지 센터 사무국장인 이와키 유타카岩城穰 변호사, 과로사를 생각하는 전국가족모임의 대표인 데라니시 에미코寺西笑子 씨와 함께 서울시 변호사 단체의 초대를 받아 2014년 6월에 성립한 일본의 과로사 방지법과 그 제정 운동에 대해 의견을 교환할 기회가 있었다. 나아가 2017년 11월에 서울에서 열린 '과로사 예방 센터' 개소식에 초대받아 발표와 토론에 참가했다. 이번 졸저의 한국어판 출간이 과로사 방지를 둘러싼 한국과 일본의 상호 교류에 도움이 되기를 바라마지 않는다.

2018년 4월

모리오카 고지

들어가는 말

과노동의 비명이 들려온다

'과로사 진단 컴퓨터', 과노동으로 다운되다

과로사나 스트레스 질환 등 과노동에 의한 건강장애가 많은 기업의 화두로 떠오르고 있다.

도쿄 노동국은 도내에 본사를 둔 규모 300명 이상의 기업을 대상으로 2002년부터 종업원의 건강관리에 대해 조사해왔다. 2004년도 조사 결과(2005년 2월 발표)에 따르면 회답 기업 1,071사(회수율 28퍼센트) 중 '뇌·심장 질환의 발병과 연관이 깊다'고 하는 과중 노동(월 100시간 또는 2~6개월 평균 80시간을 넘는 시간외 및 휴일 노동)이 있다고 대답한 기업은 전체의 36퍼센트(382사)로 2002년도 조사 결과인 25퍼센트에서 11퍼센트나 증가했다. 앞으로 이러한 과중 노동이 발생할 가능성이 있다고 대답한 기업(22퍼센트, 238사)을 포함하면 2004년도 조사에서 과중 노동 염려가 있는 기업은 전체 기업의 58퍼

죽도록 일하는 사회

센트(620사)에 달한다.

같은 조사에 따르면 과중 노동에 관련한 뇌·심장 질환의 발병을 우려하는 기업은 38퍼센트(410사)에 이르렀는데, 2002년도 조사 결과인 30퍼센트보다 8퍼센트나 늘었다. 또 과중 노동에 관련한 정신 질환의 발병을 염려한 기업은 34퍼센트(362사)로 2002년도 조사 결과인 27퍼센트에서 7퍼센트 늘었다.

이러한 가운데 후생노동성은 2004년 6월 〈노동자 피로 축적도 체크리스트〉를 후생노동성과 중앙노동재해방지협회 사이트에 공표했다. 이 리스트는 노동자용(표1)과 가정용(표2) 두 종류가 있다.

그보다 앞선 2003년 6월 23일 노동자용 테스트판을 공개하자 곧바로 접속이 쇄도하며 한때는 연결되지 않는 상태에 놓이기도 했다. 중앙노동재해방지협회는 접속 수가 100만 건을 넘어서면 다운될지도 모른다는 점을 후생노동성에 설명했다고 한다. 《마이니치신문每日新聞》은 "과로사 진단 컴퓨터, 과노동한 탓일까? 서버 다운―후생노동성 홈페이지에 접속 쇄도"라고 보도하고, "예상을 훨씬 넘는 반향, 과로 문제에 이렇게까지 관심이 높은 줄은 몰랐다"는 후생노동성의 언급을 전했다(2003년 6월 24일, 석간).

이 체크리스트는 해당하는 항목을 차례대로 체크하면 피로 축적도를 자동으로 측정해준다. 시험 삼아 아내의 도움을 받아 가정용으로 체크해봤더니 11점, '요주의'가 나왔다. 피로·스트레스 증상의 합계 점수가 10점 이상일 때 요주의라고 하는데 1점을 초과한 것이다.

〈표1〉노동자 피로 축적도 체크리스트 (노동자용)

중앙노동재해방지협회

1. 최근 1개월간 자각 증상 (각 질문에 대해 가장 적합한 항목에 체크해주십시오)

1 초조하다	○거의 그렇지 않다(0)	○때때로 그렇다(1)	○자주 그렇다(3)
2 불안하다	○거의 그렇지 않다(0)	○때때로 그렇다(1)	○자주 그렇다(3)
3 불안정하다	○거의 그렇지 않다(0)	○때때로 그렇다(1)	○자주 그렇다(3)
4 우울하다	○거의 그렇지 않다(0)	○때때로 그렇다(1)	○자주 그렇다(3)
5 잠을 잘 못 잔다	○거의 그렇지 않다(0)	○때때로 그렇다(1)	○자주 그렇다(3)
6 몸 상태가 나쁘다	○거의 그렇지 않다(0)	○때때로 그렇다(1)	○자주 그렇다(3)
7 일에 집중할 수 없다	○거의 그렇지 않다(0)	○때때로 그렇다(1)	○자주 그렇다(3)
8 하는 일에 실수가 많다	○거의 그렇지 않다(0)	○때때로 그렇다(1)	○자주 그렇다(3)
9 작업 중 몹시 졸리다	○거의 그렇지 않다(0)	○때때로 그렇다(1)	○자주 그렇다(3)
10 의욕이 나지 않는다	○거의 그렇지 않다(0)	○때때로 그렇다(1)	○자주 그렇다(3)
11 힘이 없다(운동 후는 제외)	○거의 그렇지 않다(0)	○때때로 그렇다(1)	○자주 그렇다(3)
12 아침에 일어날 때 몸이 무겁다	○거의 그렇지 않다(0)	○때때로 그렇다(1)	○자주 그렇다(3)
13 이전보다 쉽게 피로하다	○거의 그렇지 않다(0)	○때때로 그렇다(1)	○자주 그렇다(3)

2. 최근 1개월간 근무 상황

1 1개월의 시간외 노동	○없다 또는 적당(0)	○많다(1)	○아주 많다(3)
2 불규칙한 근무(예정의 변경, 갑작스러운 일)	○적다(0)	○많다(1)	
3 출장에 따른 부담(빈도·얽매이는 시간·시차 등)	○없다 또는 작다(0)	○크다(1)	
4 심야 근무에 따른 부담(☆1)	○없다 또는 작다(0)	○크다(1)	○아주 크다(3)
5 휴게·수면의 시간수 및 시설	○적절하다(0)	○부적절하다(1)	
6 일에 대한 정신적 부담	○작다(0)	○크다(1)	○아주 크다(3)
7 일에 대한 신체적 부담(☆2)	○작다(0)	○크다(1)	○아주 크다(3)

☆1: 심야 근무 빈도나 시간수 등을 통해 종합적으로 판단해주십시오. 심야 근무는 심야 시간대(오후 10시-오전 5시)의 일부 또는 전부를 포함한 근무를 말합니다.
☆2: 육체적 작업이나 냉한·폭서 작업 등 신체적인 면에서 느끼는 부담을 말합니다.
〈자각 증상 평가〉(0-4점) I (5-10점) II (11-20점) III (21점 이상) IV
〈근무 상황 평가〉(0점) A (1-2점) B (3-5점) C (6점 이상) D

〈업무 부담도 점수표〉		근무 상황			
		A	B	C	D
자각 증상	I	0	0	2	4
	II	0	1	3	5
	III	0	2	4	6
	IV	1	3	5	7

〈표 2〉노동자 피로 축적도 체크리스트 (가족용)

---

1. 최근 1개월간 피로·스트레스 증상 (각 질문에 대해 가장 적합한 항목에 체크해주십시오)

1 초조한 것 같다   ○ 거의 그렇지 않다(0) ○ 때때로 그렇다(1) ○ 자주 그렇다(3)

2 불안한 것 같다   ○ 거의 그렇지 않다(0) ○ 때때로 그렇다(1) ○ 자주 그렇다(3)

3 불안정한 것 같다   ○ 거의 그렇지 않다(0) ○ 때때로 그렇다(1) ○ 자주 그렇다(3)

4 우울한 것 같다   ○ 거의 그렇지 않다(0) ○ 때때로 그렇다(1) ○ 자주 그렇다(3)

5 몸 상태가 나쁜 것 같다   ○ 거의 그렇지 않다(0) ○ 때때로 그렇다(1) ○ 자주 그렇다(3)

6 일에 집중하지 못하는 것 같다   ○ 거의 그렇지 않다(0) ○ 때때로 그렇다(1) ○ 자주 그렇다(3)

7 하는 일에 실수가 많은 것 같다   ○ 거의 그렇지 않다(0) ○ 때때로 그렇다(1) ○ 자주 그렇다(3)

8 몹시 졸린 것 같다   ○ 거의 그렇지 않다(0) ○ 때때로 그렇다(1) ○ 자주 그렇다(3)

9 의욕이 나지 않는 것 같다   ○ 거의 그렇지 않다(0) ○ 때때로 그렇다(1) ○ 자주 그렇다(3)

10 힘이 없는 것 같다(운동 후는 제외)   ○ 거의 그렇지 않다(0) ○ 때때로 그렇다(1) ○ 자주 그렇다(3)

11 아침에 일어날 때 피로감이   ○ 거의 그렇지 않다(0) ○ 때때로 그렇다(1) ○ 자주 그렇다(3)
   남아 있는 것 같다

12 이전보다 쉽게 피로해   ○ 거의 그렇지 않다(0) ○ 때때로 그렇다(1) ○ 자주 그렇다(3)
   하는 것 같다

---

2. 최근 1개월간 노동방식과 휴양 (각 질문에 대해 가장 적합한 항목에 체크해주십시오)

☐ 1 거의 매일 밤 오후 10시 이후에 귀가한다 (☆1)

☐ 2 휴일도 일하러 나갈 때가 많다

☐ 3 집에 일감을 가지고 올 때가 많다

☐ 4 외박 출장이 많다

☐ 5 업무 때문에 고민하는 것 같다

☐ 6 수면 시간이 부족한 듯 보인다

☐ 7 선잠이 들거나 밤중에 깨는 경우가 많은 것 같다

☐ 8 집에서도 업무가 마음에 걸려 초조해하는 것 같다

☐ 9 집에서 느긋하게 쉬는 경우가 거의 없다

☆1: 야근 등 근무 형태는 업무 때문에 집을 나서서 귀가할 때까지가 14시간 이하일 때를 기준으로 삼아주십시오.
〈판정 기준〉 피로·스트레스 증상의 합점은 10점 이상이, 노동방식과 휴양의 체크 항목 수는 3개 이상이 요주의입니다. 어느 쪽이든 하나라도 요주의라면 대상자는 피로 축적의 가능성이 있습니다. 둘 다 요주의라면 피로 축적의 가능성이 더욱 높습니다.

이런 일이 있어도 되는 겁니까?

노동 관련 인터넷 사이트가 너무 많이 일하는 노동자의 비명으로 가득 차 있다. '오사카과로사문제 연락모임大阪過労死問題連絡会'의 변호사나 노동법 학자가 2001년에 제작한 '노동기준 옴부즈맨' 사이트에는 과중 노동이나 위법 잔업 등에 관한 간이 상담 페이지가 마련되어 있다. 그곳에는 이런 일이 있어도 되는 건가 싶은 생각이 들수밖에 없는 가혹한 노동실태에 관해 다수의 상담이 올라와 있다. 여기에서는 최근에 올라온 몇 가지 예를 소개하겠다(행갈이나 표기는 일부 고쳤다).

다음 주 10월 10일이면 일을 시작한 1월 5일부터 연속 무휴 출근일수가 280일이 됩니다. 노동조합은 휴일에 관한 그 어떤 공지도 해주지 않고 있습니다. 어떻게 하면 좋을까요?(대기업 전기회사 종업원)

저는 네트워크 IT 계열 기업에서 일하고 있습니다. 대기업의 하청회사로 통신 서비스 기계를 보수(유지 관리와 고장 대응)하는 일입니다. 24시간 언제든 고장이 있으면 불려나갑니다. 교대 직원은 거의 없고 대개 저 혼자 일하는 상태입니다. 2주일 동안 6번 심야작업을 강요당했습니다. 그중 2번은 귀가 후 호출이었는데, 거부를 허용하지 않았습니다. 잔업 수당은 나옵니다.(IT 기술자)

며칠 전 '과로 자살한 남편'의 이메일을 전부 프린트로 뽑아보았습니다. …… 어느 날 사장이 남편을 질책하는 이메일을 보냈습니다. 가족으로서는 몸이 얼어붙는 것 같은 내용이었습니다. 남편이 자살한 것은 그다음 날이었습니다. 근무시간에 관해서도 자료를 토대로 계산해봤더니 4~8월까지 월평균 76~90시간 잔업을 했더군요. 잔업이 100시간 가까이 되는 달도 있습니다. 참고로 관리직이었기 때문에 잔업 수당은 받지 못했습니다. 아무쪼록 지혜와 용기를 주십시오.(과로 자살한 남성의 아내)

계약 사원도 파트타임도 과노동

이들 노동자는 아마도 정규직으로 보인다. 그런데 과노동으로 비명을 지르는 노동자 중에는 파트타임, 아르바이트, 계약 사원도 적지 않다. 두 가지 예를 《아사히신문朝日新聞》의 독자 투고란을 통해 살펴보자.

계약 사원으로 공장에서 일하는 아들은 매일 아침 7시 넘어 출근해서, 보통 오후 11시쯤이나 늦을 때는 오전 1~2시에 귀가한다. 집에서는 잠만 잔다. 과로로 쓰러지지 않을까 걱정이다. 정사원과 똑같이 일하는데도 고용보험이나 건강보험 등 사회보험제도가 없는 혹독한 조건이다. / 며칠 전 전화로 헬로 워크*에 전화를 걸어 상담했다. 직원은 "제도를 정비하도록 권고할 수는 있지만 신고한 사람이 누구인지 알려지는 것을 각오했을 때의 이야기……"라는 단서를 달았다. 결국 회사에 알려질 것을 염려해 이름과 회사를 밝히지 않고 전화를 끊었다. / …… 국가는 보험료를 올리기 이전에 고용 형태나 기간에 상관없이 기업이 세세한 사회보험제도를 정비하도록 대책을 강구하고 조속하게 실행해주기를 바란다.(2003년 5월 30일, 주부, 익명, 오사카大阪부 히라카타枚方시, 54세)

저는 낮에 마트에서 일합니다. 그런데 며칠 전부터 24시간 영업으로 바뀌었습니다. 야간 근무를 위한 구인 광고를 냈을 때는 대학생이 올 거라고 생각했습니다. / 하지만 막상 결과를 보니 거의 주부들이 지원했습니다. 그것도 갓난아기나 유아, 초등학생 자녀가 있는 동년배 주부들이었습니다. 아이가 어리니까 주간에는 일하러 나갈 수 없기 때문이라고 합니다. / 어떤 사람은 심야, 아이가 잠든 밤 11시부터 이른 아침 6시까지 일합니다. 그대로 집에 돌아가 아이와 남편을 깨워 아침밥을 먹이고 도시락을 싸서 학교나 직장에 보냅니다. 낮에는 가사를 돌보는 한편 잠깐 잠깐 눈을 붙인다고 합니다. / …… 요즘 마트는 섣달그믐날도 정월 초하루도 잠들지 않습니다. 365일 24시간 쉬는 때가 없습니다.(2004년 6월 19일, 주부, 파트타임, 요코하마横浜 시, 37세)

---

* 'hello'와 'work'의 조어. 일본 후생노동성이 운영하는 취직지원 고용촉진 기관.

죽도록 일하는 사회

병원에서 인간다운 시간을 되찾다

　　노동 관련 인터넷 사이트에 올라온 댓글 중에는 자신의 노동방식(노동당하는 방식)에 의문이나 불안을 품은 남성 노동자의 글이 눈에 띈다. 그러나 신문 투고란에 보이는 과노동에 관한 대부분의 호소는 바쁘거나 피로해서 자신의 상태를 설명할 여유조차 없는 남성들을 대신해 모친이나 아내가 쓴 것이다.

　　몇 안 되는 남성들의 글 중에 마침 《요미우리신문読売新聞》에 실린 문장이 내 눈에 들어왔다. 그중 하나는 병이 나 입원한 덕분에 인간다운 시간을 되찾았다는 이야기였고, 다른 하나는 회사를 그만두고서 전화 때문에 고민하는 일도 없어졌다고 밝히고 있다.

작년 연말 건강검진 때 큰 병이 발견되어 이번 달 초부터 입원과 수술 일정이 잡혔습니다. / 보통은 회사가 중심이 되어서 늘 일에 쫓기는 처지였지만, 병원에서는 아주 규칙적으로 생활했습니다. …… 처음에는 불편함과 지루함을 견디지 못해 오히려 안달복달했습니다. / 그러나 점점 익숙해지면서 얼마나 평화롭고 온화한 생활 리듬인지 새삼 깨달았습니다. / 틈틈이 시계를 볼 필요도 없고, 작업 마감에 시달릴 일도 없고, 만원 지하철에 올라 출근하지 않아도 됩니다. 나를 돌봐주는 아내와 여유롭게 대화를 나누는 시간도 가질 수 있었습니다. / …… 병원에 몇 주일 누워 있는 사이에 새삼 인간다운 시간을 보낼 수 있었고, 산뜻한 기분으로 집에 돌아왔습니다.(2004년 3월 21일, 회사 중역, 지바千葉현 모바라茂原시, 54세)

회사에 다닐 무렵, 수리 서비스 부문의 책임을 맡은 적이 있습니다. 매일같이 손님의 불만이나 질책 전화를 받고 달려가 수리하는 일입니다. / 회사에 있을 때뿐 아니라 집으로도 손님이나 부하의 전화가 걸려옵니다. 저녁식사 중이나 휴일에도……. 그러다 보니 잠을 자면서도 클레임 전화가 걸려오는 꿈을 꾸곤 했습니다. / …… 그러다가 삐삐가 등장하면서 쉬는 날이 단 하루도 없어지고 말았습니다. 삐삐가 휴대전화로 바뀌고 편리해지면 질수록 자유를 빼앗겼습니다. / 지금은 더 이상 전화 때문에 괴로운 생활은 하지 않지만, 휴대전화를 사용할 생각은 없습니다. 전화에 얽매이는 기분이 들기 때문이지요. 편리함은 형벌과도 같다는 생각이 점점 더 커집니다.(2004년 4월 11일, 자영업, 아이치愛知현 가스가이春日井시, 65세)

각 신문의 독자란을 비교해보고 새삼스레 깨달은 바가 있다. 조간 판매부수 300만 부를 자랑하는《일본경제신문日本經濟新聞》에는 어쩐지 투고란이 없다. 다른 전국 신문과 비교해 역의 가판대 판매율이나 신문지국의 보급률이 높은 것이 독자란이 없는 이유일지도 모른다. 그러나 그 이유만은 아닐 것이다.

《일본경제신문》의 독자뿐만 아니라 너무 많이 일하는 일본의 '비즈니스맨'들은 집에서 신문을 구독하더라도 출근 전에 여유 있게 읽을 시간이 없다. 그런 만큼 밤이나 주말에 업무와 관련된 이메일은 처리할지언정 자기 생각을 글로 써서 투고할 시간은 거의 없는 상황에 놓여 있는 것은 아닐까. 더 나아가 과노동에 처한 남자들 대다수는 건강이 염려되도 의사를 찾아갈 시간조차 없는 것이 현실일 것이다. 그래서 간단하게 피로 축적도를 자가진단할 수 있는 '과로사 진단 컴퓨터'의 시스템이 다운될 만큼 접속이 쇄도했는지도 모른다.

'과로사 110번'과 늘어나는 과로사의 산업재해 인정

옛일이나 전사前史는 그렇다 치고, 오늘날 말하는 과로사가 최초로 사회문제로 떠오른 것은 1980년대 후반이다. 땅값과 주가가 치솟으며 일본 전체가 거품이 부글거리는 호황으로 들썩대고 있었다. 당시는 거품의 무대였던 건설업, 부동산업, 금융업뿐 아니라 제조업, 유통업에서도 경제활동이 과열되어 잔업(시간외·휴일 근무)이 눈에 띄게 증가했다. 총무성 통계국의 〈노동력 조사〉에 따르면 1988년에는 주 60시간을 넘겨 일하는 장시간 노동자가 777만 명에 달했고, 남성은 4명 중 1명(24퍼센트)이 이에 해당되기에 이르렀다.

1988년 4월에는 전년도 10월에 뇌·심장 질환의 산재 인정 기준이 일부 완화된 것을 계기로 오사카과로사문제 연락모임이 주최하는 '과로사 심포지엄'이 열렸다. 또한 이와 때를 같이하여 과로사와 그 예방에 관해 변호사와 의사가 가족이나 노동자 본인의 전화 상담을 받는 '과로사 110번'이 우선 오사카에서 실시되었다. 그것이 커다란 반향을 일으켜 같은 해 6월 '과로사 110번 전국 네트워크'가 개설되었다. 이러한 움직임을 바탕으로 매스컴이 과로사 문제를 대대적

으로 보도함으로써 '과로사'라는 말을 누구나 들을 수 있는 분위기가
퍼져 나갔다.

　오사카에서는 1988년 4월 '과로사 110번'을 실시한 뒤 상담을 의
뢰한 유족 등 약 70명에게 설문조사를 해 44명에게 회답을 받았다.
비정상적인 장시간 노동이었다는 점에서는 조금 전에 소개한 최근
의 과로사 직장 실태와 대체로 다를 바 없다는 것을 확인하기 위해,
설문조사의 응답 중 두어 가지를 인용하기로 한다(괄호 안은 당시의
직함이다).

　아침은 이르고 밤은 늦은 생활……. 귀가 후에도 밤중까지 전화를 받고,
휴일에도 회사에 나가는 사람이었습니다. 언제나 일밖에 몰랐지만, 조금
피곤하다고 말했습니다. 가장 큰 원인은 스트레스와 수면 부족이 아닐까
생각합니다.(건설, 영업·감독)

　매일매일 밤 12시까지 잔업을 계속하고 귀가는 새벽 1시, 직원은 100명
남짓인데 잔업 수당은 제로에 야식도 라면 같은 것으로 때우면서 피로가
쌓일 대로 쌓인 상태였습니다. "더 이상 못하겠어, 죽을 것 같아"라고 말
하더니 정말로 죽음을 맞이했습니다. 남겨진 모친은 충격으로 얼마 동안
자리에서 일어나지 못했습니다.(제조업, 부장)

　남편은 회사 책상 위에 매트를 깔고 잠을 청하며, 귀가시간이나 출근시

간을 줄였다. 남편이 어떻게 일했는지 아내인 나는 자세한 사정을 모른다. 하지만 회사에 나가면 100퍼센트 일만 했다. 갈아입을 옷을 들고 일주일에 두어 번 회사에 갖다주었는데, 그때 아이들 문제를 의논하곤 했다. 점심을 먹을 여유도 없는 형편이었다.(중소기업 임원)

'과로사 110번'의 산재 보상과 과로사 예방에 관한 상담 건수는 매년 6월 셋째 주 토요일의 집중 상담만 꼽더라도 1988년부터 2004년까지 3,987건에 이른다. 집중 상담이 아닌 날에도 비슷한 건수의 상담이 있다.

후생노동성의 발표(표 3)에 따르면 과로에 의한 뇌·심장 질환으로 2002년도에 전국 노동기준감독서勞働基準監督署가 산재로 인정한 경우는 전년도의 약 2.2배에 이르며, 과거 최다인 317명(사망 160명)을 넘어섰다. 그중 뇌 질환은 202명(사망 62명), 심장 질환은 115명(사망 98명)으로 어느 쪽도 과거 최다를 기록했다. 과로에 의한 자살 등 정신장애의 산재도 인정 기준이 같았던 전년도보다 43퍼센트 늘어 100명에 달했다(《마이니치신문》, 2003년 6월 10일).

또한 전국의 노동기준감독서가 2003년도 중에 수리한, 과로에 의한 심적 외상 후 스트레스 장애PTSD, Post-traumatic Stress Disorder나 우울증 등 정신장애의 산재 신청은 438명(전년도 대비 28퍼센트 증가)으로 과거 최고였다. 정신장애의 산재 인정도 과거 최고인 108명(동 8퍼센트 증가)으로 그중 40명은 과로 자살이었다. 세대별로 보면 30대가

구분	연도	1999	2000	2001	2002	2003	2004
뇌 · 심장 질환	청구 건수	493	617	690	819	705	816
	인정 건수	81	85	143	317	312	294
	사망	48	45	58	160	157	150
정신장애	청구 건수	155	212	265	341	438	524
	인정 건수	14	36	70	100	108	130
	자살	11	19	31	43	40	45

출처 후생노동성, 〈뇌·심장 질환 및 정신장애 등에 관한 산재 보상 상황〉, 2004년, 2005년.
주 뇌·심장 질환, 정신장애는 업무에 의해 발병한 사안. 자살은 미수를 포함.

39명(36퍼센트)으로 가장 많았고, 29세 이하도 25명(23퍼센트)을 헤아린다. 직종별로는 시스템 엔지니어SE나 정보처리 기술자 등 전문 기술직이 28명(26퍼센트), 제조공 등 기능직이 24명(22퍼센트)이었다(《마이니치신문》, 2004년 5월 25일).

이들 숫자는 구조조정 등에 의한 노동 강화나 스트레스의 영향으로 과로사가 끊이지 않고, 최근에는 과로 자살에 내몰리는 사람이 늘어나고 있는 상황을 여실히 보여준다.

1989년도 후생성(당시) 〈인구 동태 사회경제면 조사 보고〉의 '장년층 사망' 데이터로 어림 계산한 바로는, 지주막하출혈이나 심근경색 등 뇌·심장 질환에 의한 장년층(30~64세) '돌연사'의 같은 해 사망자는 약 17,000명으로 추산된다(졸저《기업 중심 사회의 시간 구조企業中心社会の時間構造》, 1995년 참조). 같은 해 교통사고로 인한 24시간 이내 사망자 수는 11,086명(2004년에는 크게 줄어 7,358명)이었음을 볼 때, 1980년 대 말 과로사의 발생 건수는 교통사고의 사망자 수를 상회했다고 볼 수 있다. 그렇게 보면 '과로사 110번'에 연락한 상담 중 사망 건수는 과로사 발생 건수의 아주 일부에 지나지 않는다. 노동기준감독서에 산재를 신청해 인정받은 것은 그보다 더 일부일 뿐이다. 그런데도 과 로사의 산재 인정 건수는 인정 기준이 근년에 어느 정도 완화되었다 는 사정도 있고 해서 요즈음 들어 눈에 띄게 늘어나고 있다.

좋아서 서비스 잔업을 하는 것이 아닙니다

일본 노동자의 과노동을 생각할 때 과로사, 과로 자살과 더불어 간과할 수 없는 것은 '서비스 잔업'이라고 일컫는 '임금 미지 급 잔업'이다. 서비스 잔업은 소정의 임금 및 잔업 수당을 지급하지 않고 소정 시간외 및 휴일 노동을 시킨다는 점에서 임금 미지급과 할증 임금 미지급이라는 이중적인 위법 행위인 동시에 피해자 수와 피해 금액으로 볼 때 최대의 기업 범죄이기도 하다.

노동기준법 제104조는 사업장에 이 법을 위반한 사실이 있을 경 우, 노동자가 그 사실을 행정관청 또는 노동기준감독관에게 신고할 수 있다. 또한 사용자는 이것을 이유로 노동자에게 해고 기타 불이익 처분을 해서는 안 된다고 정해져 있다. 최근에는 많은 기업에서 구 조조정으로 인원을 감축해 서비스 잔업이 심각해지는 가운데, 노동기준감독서에 위법 잔업을 고발(신고)하는 노동자가 대폭 늘고 있다. 2002년에는 전국의 노동기준감독서에 서비스 잔업 등 임금 미지급에 관해 노동자나 가족이 고발한 건수가 처음으로 3만 건을 넘어 과거 최다가 되었다(《마이니치신문》, 2003년 7월 28일, 석간).

이런 가운데 후생노동성도 서비스 잔업을 해소하고자 드디어 움직이기 시작했고, 2003년 5월 23일에는 〈임금 미지급 잔업의 해소를 꾀하기 위해 강구해야 할 조치 등에 관한 지침〉을 중심으로 〈임금 미지급 잔업 종합 대책 요강〉을 발표했다.

이를 계기로 서비스 잔업에 관한 신문 기사도 증가했다.《요미우리신문》은 후생노동성이 〈임금 미지급 잔업 종합 대책 요강〉을 발표한 날, 생활면의 '친절한 사회보장'란에 대학생 다이스케大輔의 질문에 대학교수 필자가 대답하는 형식으로 〈서비스 잔업을 없애려면〉이라는 해설 기사를 꾸몄다.

《아사히신문》의 생활면은 '노동기준 옴부즈맨'을 취재하여 〈서비스 잔업을 없애려면?〉이라는 기사를 실었다(2004년 11월 17일). 또 그에 대한 반향으로서 전국에서 보내온 독자의 목소리를 소개했다(2004년 11월 28일).

대기업 전기회사에서 일하는 시스템 엔지니어의 아내는 남편의 일에 대해 다음과 같이 호소한다. "집에 들어오는 건 오전 4시나 5시이고 철야하는 날도 있습니다. 출근은 오전 9시쯤이고 휴일에도 출근합니다. 평일 잔업은 월 20시간의 정액제이고 나머지는 서비스 잔업입니다." "책임감이 강하고 싫다는 말을 못하는 성격인지라 남편은 명백하게 자기의 처리 능력을 넘어선 일을 맡겨도 거절하지 못한 채 과중 노동을 강요당하고 있습니다." "돈보다도 인간다운 생활을 할 수 있도록 여유가 있었으면 좋겠습니다."

31세에 과로사한 아들의 모친은 이렇게 탄식한다. "누구든 좋아서 무보수 노동을 하지는 않을 겁니다. 일할 수밖에 없는 상황이 현장에는 존재하겠지요." "회사의 노무 담당자는 '(잔업의) 신고는 당사자의 재량일 뿐, …… 회사는 과실이 없다'는 태도였습니다. 요즘 유행하는 '자기책임'이라는 당치도 않은 사고방식이 기업에는 있습니다."

금융 관련 일을 하는 33세 아들의 모친은 다음과 같은 걱정을 토로한다. "연일 잔업을 강요당하는 모습을 도저히 보고 있을 수 없는 상태입니다. 휴일에도 출근해야만 하는 근무 태세라니, 도대체 어떻게 된 일일까요? 좋아하는 음악회에도 미술 전시회에도 갈 수 없고, 책을 읽을 시간도 낼 수 없는 죄수처럼 과중 노동에 시달리고 있습니다. 퇴사를 권하고 싶은 마음이 굴뚝같습니다."

'더 많이 일해라, 일본인'

노동자가 서비스 잔업을 강요당하고 때로는 과로사에 이를 만큼, 그야말로 죽도록 일해도 경영자는 더 열심히 일해야 한다고 생각한다. 《닛케이비즈니스日経ビジネス》의 〈더 많이 일해라, 일본인〉이

라는 특집(2003년 1월 27일호)에 등장하는 일본전산日本電産의 나가모리 시게노부永守重信 사장은 '오전 6시 50분에 그 누구보다 일찍 회사에 나와 하루 16시간을 일하고, 주말에도 전혀 쉬지 않는 남자'. 이 기사에 따르면 나가모리 사장은 다음과 같이 이야기했다고 한다.

'일본인은 너무 많이 일한다'는 이야기는 벌써 옛일이다. 최근에는 유럽과 미국 비즈니스맨이 훨씬 근면하지 않을까 싶다. …… 이것을 가장 잘 느끼는 곳은 국제선 기내다. 일본인은 음료를 마시지 않으면 손해라고 생각하는지, 술을 달라고 해서 실컷 마시고는 취해서 잠들어버린다. 한편 유럽이나 미국의 비즈니스맨은 탑승 시간 직전까지 휴대전화로 업무를 협의하고, 기내에서는 노트북으로 작업을 진행하거나 열중해서 업무 서류를 읽는다.

제2장에서 자세히 소개할 질 안드레스키 프레이저Jill Andresky Fraser의 《화이트칼라의 위기White-Collar Sweatshop》*에는 미국 비즈니스맨(남자만이 아니다)이 여행이나 출장 간 곳에서 일하는 모습의 몇몇 사례가 등장한다. 노트북은 호텔 수영장의 의자뿐만 아니라 수영장 안에서도 사용할 수 있다. 갈아입을 옷과 함께 노트북, 배터리, 휴대전화,

---

* Jill Andresky Fraser, White-Collar Sweatshop: The Deterioration of Work and Its Reward in Corporate America, W. W. Norton & Company, 2002. 한국어판은 심재관 옮김, 한스미디어, 2004.

플로피디스크, 코드, 복사용지 등 업무 도구를 가지고 다닐 수 있는 여행용 가방 타입의 이동식 미니오피스도 있다.

결코 황당무계한 이야기가 아니다. 이에 못지않게 조금 전 나가모리 사장의 이야기는 진실성을 띠고 있다. 그렇지만 일본 비즈니스맨은 더 많이 일하기에는 지칠 대로 지쳐 있다.《닛케이비즈니스》의 같은 호에 〈사원의 병은 회사의 병〉이라는 제2의 특집을 꾸민 것이 그 증거일 것이다. 이 특집 앞머리에는 이렇게 쓰여 있다.

현대 비즈니스맨의 심신은 의심할 바 없이 병들어 있다. 이런 상태를 초래한 원인 중 하나인 스트레스와 장시간 노동이 도를 넘으면 과로사나 자살 같은 비극은 피할 수 없다. 이제는 사원의 몸과 마음에 대한 건강 유지 및 증진이 각 기업의 중요한 경영과제가 되었다.

고도자본주의가 낳은 과노동 시대

다음 장에서 자세히 살펴보겠지만, 세계의 노동시간은 1980년대 이후 그때까지 감소하던 경향이 멈추더니, 다시 증대하는 경향으로 돌아서고 있다. 특히 일본인이 무색할 만큼 맹렬하게 일하는 미국인이나 영국인의 모습, 제2차 세계대전 이전 일본의 여공애사女工哀史에 버금갈 만큼 일본계 기업에서 가혹한 장시간 노동을 견디는 중국인 여성의 모습을 보면, 이제 세계는 새로운 '과노동 시대'

로 진입했다고 말할 수밖에 없다.

우리는 어쩌다 과노동 시대로 들어섰을까? 이 책은 현대 자본주의의 변화가 지닌 네 가지 측면, 또는 현대 고도자본주의의 네 가지 특징을 통해 그 배경을 살펴보고자 한다.

○ **글로벌 자본주의:** 세계화가 진전하는 가운데 국제적으로 개발도상국을 휘말리게 해 경쟁이 치열해지면서, 선진국에서는 유례없는 구조조정과 산업 재편의 풍파가 몰아치고 있다. 노동시간은 오래전부터 과노동 경향이 강했던 미국이나 영국뿐 아니라 시간 단축 선진국으로 알려진 독일이나 프랑스에서도 '감소'에서 '증대'로 넘어가고 있다. 원래부터 과노동 상태였던 일본의 노동자는 장기 불황의 압력뿐만 아니라 생산 거점의 해외 이전 압력으로 인해, 일본 기업이 진출한 중국 등 임금은 낮고 노동시간이 긴 나라의 노동자와도 경쟁을 피할 수 없게 되었다. 임금 인하와 노동시간의 연장에 내몰리고 있다.

○ **정보자본주의:** 컴퓨터와 인터넷이 대표하는 오늘날 정보통신기술의 변화는 거의 모든 산업 분야에 걸쳐 시간 경쟁을 강화하고, 업무 속도를 신속화하며, 업무량을 증가시키고 있다. 또 노트북, 휴대전화, 이메일 등 정보도구는 업무시간과 개인시간의 경계를 흩뜨리고, 어디에서나 업무에 시달리는 환경을 조성하고 있다. 그뿐 아니라 정보통신기술은 새로운 전문적·기술적 직업을 낳는 한편, 많은 측면에서 노동을

단순화하고 정규 고용의 대다수를 비정규 고용으로 치환할 수 있도록 함으로써 고용 불안정을 가져오고 있다.

○ **소비자본주의:** 생활수준이 향상하고 매스컴이 발달한 현대의 대중소비사회에서 사람들은 끊임없이 확대하는 소비 욕구를 채우고, 소비 경쟁 속에서 자신의 아이덴티티나 사회적 지위를 표현하며, 더 많은 수입을 얻고자(또는 임금이 더 높은 자리에 올라가고자) 더욱 길게 더욱 열심히 일하곤 한다. 이와 동시에 편의점이나 택배가 상징하듯 편리성을 추구하는 서비스 경제의 발전은 정보화의 진전과 더불어 소비자의 수요 구조를 변화시키고, 경제활동의 24시간화를 초래함으로써 과노동의 새로운 요인을 창출하고 있다.

○ **프리타 자본주의:** 일본에서는 1980년대 초부터 노동분야의 규제완화와 노동시장의 유동화를 진척시켜 젊은 프리타뿐 아니라 중노년을 포함해 아르바이트, 파트타임, 파견 등 비정규직 노동자를 증가시켜왔다. 그 결과 고용 형태가 다양해졌을 뿐 아니라 노동시간의 양극화가 이루어졌다. 이에 주 35시간 미만의 단시간 노동자가 늘어나는 한편, 점차 줄어드는 정규직 노동자 가운데 주 60시간 이상 일하는 장시간 노동자가 증가하면서 특히 30대 남성을 중심으로 한 과노동이 심해졌다.

이와 같은 고도자본주의의 측면에 따라 현대사회의 과노동 요인

을 차례로 규명하고자 한다. '프리타フリーター'란 일반적으로 학생과 주부를 제외한 젊은이(15~34세) 중 파트타임과 아르바이트(파견 등을 포함) 및 일할 의지가 있는 무직자를 가리킨다. 하지만 이 책에서는 젊은 프리타에 한정하지 않고, 비정규 노동자가 기간基幹 노동력이 될 만큼 증대한 자본주의를 가리켜 필자의 명명에 따라 '프리타 자본주의'라고 부르기로 한다.

여기에 나오는 '고도자본주의'라는 말은 특정한 경제학자가 사용한 용어라기보다는 소설가 이케자와 나쓰키池澤夏樹에게서 빌려왔음을 알려둔다. 책《촌뜨기 새와 빚진 새むくどりとしゃっきん鳥》(1998년)의〈도쿄성 피로東京性疲勞〉라는 에세이에서 그는 자기가 살고 있는 오키나와에서 도쿄로 나오면 왠지 피곤하다고 말한다. 그 원인은 어디를 가더라도 글자가 넘치는 풍경 때문인데, "우리나라 같은 고도자본주의 사회에서는 잠재적 소비자의 구매 충동을 자극하기 위해 공간을 이용하지 않는 것을 죄악으로 여긴다"고 풀이한다.

독자는 이 책을 통해 고도자본주의 사회에서 이윤을 창출하기 위해 공간과 더불어 시간을 철저하게 이용하지 않는 것은 죄악이라는 말을 이해하리라. 아울러 교양, 오락, 스포츠, 사회활동 시간은 물론 식사, 수면, 가정생활 시간까지 줄이면서 모든 활동 시간을 업무에 충당하는 노동방식(노동당하는 방식)은 더욱 커다란 죄악이라는 것도 이해하리라.

제1장

세계로 퍼지는 과노동

글로벌 자본주의의 역류

시간 단축의 시대에서 과노동 시대로

국제노동기구ILO, International Labour Organization는 창립 50주
년인 1969년에 노벨평화상을 수상했다. 이를 기념해 ILO 국제노동
문제연구소는 격년으로 각국의 대학과 공동 주최하며 회사 정책에
관한 심포지엄을 열어왔다. 일본에서는 2003년 12월 1~3일 도쿄대
학에서 처음 열렸고, 주로 일본 기업을 연구하는 런던대학의 교수 로
널드 도어Ronald Dore가 '글로벌화 세계의 새로운 노동형태와 의미'라
는 주제로 기조연설을 했다. 그의 저서《일한다는 것》(2005년)은 이
강연을 대폭 수정하고 가필한 책이다.

강연을 통해 그는 대부분의 선진국에서 1980년대 이후 종래에 완
만하고 착실하게 이루어져 온 시간 단축의 흐름이 역전해 노동시간
이 길어지기 시작했다고 지적했다. 이때 통계 근거로 삼은 것은 미

국, 캐나다, 벨기에, 프랑스, 독일, 이탈리아, 네덜란드, 스웨덴, 노르
웨이, 영국 등 10개국에 대해 '소득의 불평등도'가 클수록 노동시간
이 길다는 것을 검증한 사무엘 볼즈Samuel Bowles와 박용진의 공동논문
을 활용한〈그림 1-1〉이다.

이 그림에서 제조업의 노동시간 추이를 보면 영국은 1982년, 미
국과 캐나다는 1983년, 이탈리아는 1985년, 노르웨이와 스웨덴은
1988년, 독일은 훨씬 늦은 1996년에 전환점을 맞이했다.

선진국의 노동시간이 1980년대 이후 짧아지는 경향을 멈추고 몇
몇 나라에서 증가 국면으로 돌아선 것은 존 M. 에반스John M.Evans 등

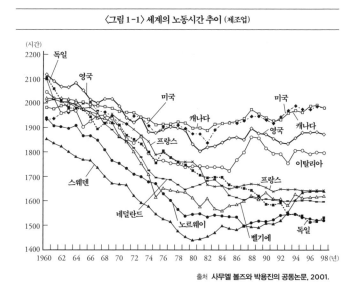

〈그림 1-1〉세계의 노동시간 추이 (제조업)

출처 **사무엘 볼즈와 박용진의 공동논문, 2001.**

죽도록 일하는 사회

이 참여한 경제협력개발기구OECD의 조사 보고 〈OECD 국가의 노동시간 움직임〉(2001년)에서도 확인할 수 있다. 이 보고는 다음과 같이 말한다.

최근 연간 노동시간의 움직임을 두고 가장 눈에 띄는 사실은 대개 모든 OECD 나라에 오랜 기간 이어지던 노동시간의 감소 경향이 약해지거나, 때로는 역전까지 일어난다는 것이다. …… 1990년대 전반적으로 헝가리, 스웨덴, 미국에서 노동시간은 증가 경향을 보였다. 오스트레일리아, 캐나다, 핀란드, 뉴질랜드, 스페인 및 영국에서는 그다지 변화가 없었다.

존 M. 에반스 등은 노동시간의 단축 경향이 마침내 소멸했다고 주장하는 것은 아니다. 프랑스, 독일, 이탈리아, 네덜란드, 노르웨이에서는 노동시간의 감소 경향이 약해졌어도 여전히 이어지고 있으며, 일본이나 한국처럼 최근 들어 짧아진 나라도 있다고 지적한다.

그들이 말하듯 시간 단축 흐름의 역전은 일부 나라에서만 그러하고, 다른 많은 나라에서는 시간 단축 경향이 완만해지면서도 기본적으로는 아직 지속되는 것일까. 아니면 로널드 도어가 말하듯 세계적으로 한 세기 이상 지속된 시간 단축의 흐름이 최근 20여 년 사이에 역전해 다시 노동시간이 늘어나기 시작한 것일까. 나중에 서술하겠지만, 미국과 영국 및 유럽연합EU에서 나타나는 노동시간 움직임에 비추어볼 때 내가 보기에는 로널드 도어의 지적이 현실에 더 가깝다.

너무 많이 일하는 미국인

2002년 1월 《옥스퍼드 영어사전Oxford English Dictionary》의 온라인판에 1만 단어가 넘는 새로운 단어 중 하나로 일본어 'karoshi(과로사)'가 올라갔다. 이로써 과로사는 과연 일본인의 라이프스타일을 상징하는 낱말임이 전 세계에 널리 알려졌다. 나아가 이 일은 과로사가 단지 일본뿐 아니라 세계 각지에 퍼진 일반적인 현상임을 시사해준다.

특히 미국에서는 일본의 풍토병처럼 여겨온 과노동이 다른 나라 이상으로 맹위를 떨치고 있다. 이것에 재빨리 경종을 울린 것은 줄리엣 B. 쇼어Juliet B.Schor의 《지나치게 일하는 미국인: 예측하지 못한 여가의 감소The Overworked American:The Unexpected Decline of Leisure》(1992년)이다.

이 책에서 쇼어는 생산성이 상승하는 것에 따라 노동시간은 짧아진다는 전문가의 예측이 잘못되었다는 사실을 명확하게 밝힌다. 미국에서는 1940년대 말부터 1980년대 말까지 노동자의 생산성이 2배 이상 상승했다. 단순하게 비교하면 1980년대 말에는 1940년대 말 노동자가 획득한 재화와 서비스를 절반의 시간만 들이면 생산할 수 있었다. 따라서 계산상으로는 하루 4시간 노동이라는 선택지도 가능했다. 전문가의 머릿속에서 과노동은 과거의 문제일 따름이었다. 1967년 상원 소위원회의 증언에 의하면, 1990년대에는 주 4일(주휴 3일)제, 주 22시간 노동, 연 6개월 노동, 또는 표준 퇴직연령 38세를 달성할 수 있으리라고 생각했다. 이에 따라 남아도는 자유시간과 대중적 여가의 사회적 위협에 대해 많은 논문과 책이 쏟아져 나왔다. 더욱 일찍이 경제학자 케인스는 1930년에 저술한 〈우리 손자들의 경제적 가능성〉이라는 평론에서 다음 1세기 안에 빈곤 문제는 해결될 것이며, '여가의 시대'가 찾아옴으로써 사람들이 '따분함' 때문에 고민할 것이라고 기술했다.

이러한 낙관적 전망에 반해 노동시간의 감소는 오래 지속되지 않았다. 아니, 오히려 1980년대에는 흐름이 바뀌더니 1990년대 초에는 과노동이 초미의 화제로 떠올랐다. 이와 동시에 텔레비전, 신문, 잡지도 노동시간의 문제를 대대적으로 취급하기에 이르렀다.

쇼어는 이러한 현실을 바탕으로 미국이 과노동 시대에 돌입했다고 보고, 일본의 〈노동력 조사〉에 해당하는 '인구동태 조사Current Population Survey'의 3월 조사를 이용해 〈표 1-1〉에서 보듯 미국의 연간 노동시간이 1960년대 말부터 1980년대 말까지 163시간이나 늘어났다는 사실을 밝혔다.

〈표 1-1〉 미국 연간 노동시간의 변화

(단위: 시간)

구분	1969년	1987년	1969~1987년
노동자 전체	1,786	1,949	163
남성	2,054	2,152	98
여성	1,406	1,711	305

출처 줄리엣 B. 쇼어, 《너무 많이 일하는 미국인》

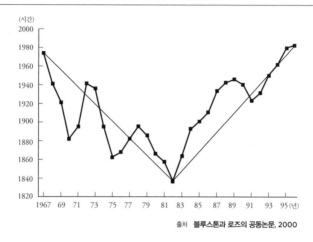

〈그림 1-2〉 미국 연간 노동시간의 움직임 (25~54세)

출처 **블루스톤과 로즈의 공동논문, 2000**

덧붙여 미국의 연간 노동시간이 최근 수십 년 사이에 감소에서 증대로 역전한 것은 B. 블루스톤Bluestone과 S. 로즈Rose가 작성한 〈그림 1-2〉를 보더라도 분명하다. 이 그림은 연간 노동시간이 경기 순환에 의해 진폭을 보이면서도 1967년부터 1982년까지 감소 경향을 보이지만, 그 후 1983년부터 1996년까지 증가 경향으로 돌아섰음을 선명하게 제시해준다.

커플 노동시간의 증가와 타임 디바이드의 확대

쇼어의《지나치게 일하는 미국인》에 이어서 나온 노동시

　　　　　　　　죽도록 일하는 사회

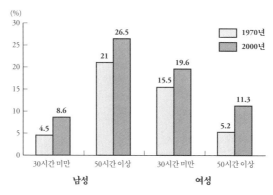

〈그림 1-3〉 미국 노동시간의 양극화 (1970~2000년)

출처 제이콥스와 거슨의 공동저서, 2004-a

간에 대한 뛰어난 연구서는 제이콥스Jacobs와 거슨Gerson의《타임 디바
이드─노동, 가족, 젠더 불평등》(2004년)이다. 이 책에 나오는 근년
미국의 노동시간 추이를 살펴보면 최근 일본에서 이야기하는 노동
시간의 양극화(장시간과 단시간의 노동자 증대 경향)가 진행되었음을 알
수 있다.

〈그림 1-3〉을 보면 1970년부터 2000년 사이에 주 30시간 미만 일
하는 단시간 노동자는 남성이 5퍼센트에서 9퍼센트로, 여성이 16퍼
센트에서 20퍼센트로 각각 증가했다. 한편 주 50시간 이상 일하는
장시간 노동자도 남성이 21퍼센트에서 27퍼센트, 여성이 5퍼센트
에서 11퍼센트로 각각 증가했다.

(단위: 시간, 퍼센트)

	남성			여성		
	주 평균 시간	30시간 미만	50시간 이상	주 평균 시간	30시간 미만	50시간 이상
직업						
관리·전문·기술직	45.6	5.8	37.2	39.4	14.8	17.1
기타	41.8	10.0	21.3	35.7	22.4	8.0
학력						
고교 이하	38.8	15.2	13.5	34.5	24.9	5.3
고교 졸업	42.6	7.1	21.5	36.7	18.7	8.0
대학 상당	42.2	11.1	24.8	36.0	22.5	9.3
대학 졸업	46.0	5.3	38.8	39.5	15.6	19.5
인종						
백인	43.6	8.5	29.2	36.8	21.1	12.1
흑인	41.5	9.6	19.3	38.2	13.8	10.1
히스패닉	41.2	8.2	17.0	36.9	17.0	6.6
아시아계 미국인	41.5	9.6	21.7	37.6	18.0	12.0

출처 〈그림 1-2〉와 동일

지금은 남성 4명 중 1명 남짓, 여성 10명 중 1명 남짓은 주 50시간 이상 일한다는 말이다. 이는 정도가 지나친 과노동이다. 주 50시간 이상의 비율로 보아 남녀 공히 과노동이 특히 눈에 띄는 집단은 직업별로 볼 때 관리·전문·기술직, 학력별로 볼 때 대학졸업자, 인종별로 볼 때 백인—종합해보면 중산계급 상층의 화이트칼라—이다(〈표 1-2〉).

남녀의 과노동과 관련해 맞벌이의 증대에 의한 '커플 노동시간(부

(단위: 시간, 퍼센트)

	평균 합계 노동시간	합계 70시간 미만의 비율	합계 100시간 이상의 비율	남편의 노동시간	아내의 노동시간
1970년					
전체 부부	52.5	63.4	3.1	38.9	33.6
맞벌이 (35.9퍼센트)	78.0	24.9	8.7	44.1	33.9
남편만 취업 (51.4퍼센트)	44.4	96.0	0	44.4	0
아내만 취업 (4.6퍼센트)	35.5	99.6	0	0	35.5
부부 둘 다 무직 (8.2퍼센트)	0	100	0	0	0
2000년					
전체 부부	63.1	53.7	9.3	41.5	26.4
맞벌이 (59.6퍼센트)	81.6	18.9	14.5	45.0	36.6
남편만 취업 (26.0퍼센트)	44.9	95.2	0	44.9	0
아내만 취업 (7.1퍼센트)	37.2	97.9	0	0	37.2
부부 둘 다 무직 (7.2퍼센트)	0	100	0	0	0

출처 제이콥스와 거슨의 공동논문, 2004-b
주 여기에서 말하는 합계 노동시간은 비농업 부문의 부부 고용 노동시간이다. 가사노동은 포함하지 않는다.

부의 합계 노동시간)'의 증대와 그에 따른 직장생활과 가정생활의 '타임 디바이드(시간 격차)'를 지적해두어야 한다.

맞벌이는 1970년부터 2000년 사이에 전체 부부(18~64세)의 36퍼센트에서 60퍼센트로 증가했다. 또한 맞벌이의 평균 주 커플 노동시간은 같은 기간에 78시간에서 82시간으로 증가했다. 특히 주 커플 노동시간이 100시간을 넘는 부부의 변화가 현저하다. 그 비율은 같은 기간에 부부 전체로 볼 때 3퍼센트에서 9퍼센트로, 맞벌이 부부로 볼 때 9퍼센트에서 15퍼센트로 증가했다(〈표 1-3〉). 한마디로 그만큼 부부 두 사람이 모두 장시간 노동에 종사하는 가정이 늘어났다는 것이다.

이와 같은 사실이 암시하는 문제는 제이콥스와 거슨이 말하듯 직장생활과 가정생활, 남성과 여성, 아이가 있는 노동자와 아이가 없는 노동자 사이의 '타임 디바이드'이다. 이를테면 직장에 다니는 부모는 육아로 인한 시간적 곤란에 직면한다. 육아에 많은 시간을 할애해야 하는 노동자는 노동시간이 길어질수록 아이가 없는 노동자보다 업무상 불리한 상황에 놓인다.

화이트칼라의 직장도 '착취 공장'으로

과노동은 물론 블루칼라(공장 등 현장작업 종사자)에도 해당하지만, 근년에는 특히 화이트칼라(전문·기술직 및 관리·사무·판매직 종사자)의 경우가 문제로 떠올랐다. 이는 최근 20~30년 동안의 미국 경제와 기업의 변화에서 기인한다.

미국 경제는 1970년대 석유 위기와 인플레이션으로 곤란한 상황에 빠져들었고, 1980년대에는 장기적인 정체에 빠졌다. 1980년대 미국은 일본을 비롯한 다른 나라와의 치열한 경쟁에 직면해 기업의 매수와 합병이 줄을 이었다. 이 시기부터 미국 기업의 경영자는 '종업원이 너무 많다', '과잉 복지후생으로 기강이 흐트러졌다'는 말을 외쳤다. 그리고 여분의 인원이나 인건비를 삭감해 '꽉 조이는lean' 회사로 바꾸는 새로운 경영 스타일이 유행하면서 본격적인 규모 축소downsizing가 시작되었다. 동시에 전후 노사관계의 특징이었던 온정주의적 경영─고용 안정, 여가 활동, 기업 복지─을 벗어던지듯 내팽개치고, 일본 기업도 저리 가라 할 만큼 사나운 경영이 확대되었던 것이다.

1990년대에 들어오면서 컴퓨터·휴대전화·이메일 등 정보도구의 보급으로 일이 편해지기보다는 오히려 스트레스가 늘어나고 업무가 사생활을 침입하기 시작했다. 직장에서는 직무요구job demand가 높아지는 동시에 압박과 괴롭힘이 횡행했는데, 가뜩이나 피로와 해고 불안에 시달리던 노동자가 자기중심적으로 변하면서 동료 의식이 희박해지고 인간관계가 퍽퍽해졌다. 그 결과 질 안드레스키 프레이저가 《화이트칼라의 위기》에서 묘사했듯, 미국의 오피스는 다국적기업이 진출한 개발도상국과 같이 노동조건이 열악한 공장 못지않게 '착취 공장sweatshop'으로 변했다.

캘리포니아대학 버클리 캠퍼스의 교수 이브라힘 와드Ibrahim Warde가 《르몽드 디플로마티크Le Monde Diplomatique》 2002년 3월호에 기고한 〈커뮤니티가 된 미국 기업〉이라는 논문은 미국의 사나운 기업에 대해 다음과 같이 지적한다. 이래서는 마치 일본의 기업사회와 다를 바 없다.

신흥종교와 마찬가지로 연수센터, 수양회, 전체 미팅 등을 통한 항시적인 교화敎化를 통해 한패거리의 가치관을 주입하고, 위세 등등한 기합 소리에 젖어듦으로써 비판 정신이 약해진다. 회사의 사훈(사명, 목적)을 교리문답처럼 복창하고, 스포츠나 군대를 연상시키는 노래와 구호를 열렬하게 외친다. 회사의 로고를 붙이는 복장에 이르기까지 온갖 것이 다 회사에 대한 헌신을 나타낸다.

과로사karoshi를 세계적으로 가장 빨리 발신한 해외 매체 중 하나는 미국의 《시카고 트리뷴Chicago Tribune》이다. 이 신문은 1988년 11월 13일 '일본인은 일에 …… 살고, 일에 …… 죽는다'는 소제목 아래 '과로사 110번'을 통해 최초로 산재 인정을 쟁취한 하시모토 세이코橋本精工(현재 쓰바키 나카시마)의 히라오카 사토루平岡悟 씨 과로사 사건을 상세하게 보도했다. 당시 미국에서는 과로사가 바다 건너 저편 나라의 일이었지만, 이제는 무관하지 않은 일이 되어버렸다.

세계의 노동정보나 빈곤 문제를 다루는 《뉴 인터내셔널리스트New Internationalist》라는 잡지가 있다. 이 잡지는 2002년 3월호에 뉴욕을 거점으로 활동하는 저널리스트 매슈 라이스가 쓴 〈미국 과로사American karoshi〉라는 리포트를 실었다. 업무에 대한 미국인의 강박관념은 이제 전염병 범주에 들어갔고, 과노동은 일본뿐만 아니라 미국에서도 노동자를 죽음으로 몰아넣으며 가족을 파괴하고 있다고 서술했다.

2001년 9월 11일 세계무역센터 쌍둥이 빌딩의 북쪽 건물에 항공기가 최초의 테러 공격을 감행했다. 라이스에 의하면 이때 투자은행 KBW의 조안 펠드먼Joan Feldman은 88층 사무실에서 일하고 있었다. 그녀는 겨우 목숨만 부지하고 뛰어내려오는 동안 관내 방송으로 '종업원은 업무로 복귀하라'는 방송을 들었다. 명령에 따르면 죽을 것이 뻔했다. 또한 '여기는 IT 홍보실'이라는 일본어 사이트의 'US Report'에 의하면 테러로 KBW의 사원 67명이 세상을 떠났지만, 회사의 경영 상태는 테러로 입은 피해를 만회했다고 한다.

주가 지상주의 경영도 과노동의 한 원인

1990년대 미국 경제는 장기 불황으로 고심하던 일본 경제와는 대조적으로 장기 번영을 구가했다. 그러나 그 와중에도 대기업에서는 구조조정과 해고가 빈번하게 되풀이되었다. 특히 화이트칼라는 끊임없는 인원 감축과 업무량의 증대에 내몰리는가 하면, 임금 인하와 수당 및 복리후생 삭감을 감내해왔다. 그리고 파트타임·파견·청부 등 비정규 노동자가 계속 늘어나는 가운데 일자리를 잃거나 고용 불안정에 시달려왔다.

이렇듯 미국의 대기업이 감행해온 고용의 변모는 주가 지상주의 경영과도 무관하지 않다. 'M&A 10년'이라고 일컬어지는 1980년대에 대두한 주가 지상주의 경영에서는 주식시장의 평가가 기업 경영자들의 최대 관심사로 부상한다. 주주를 중시하고 주가를 올리는 것이 여느 때보다도 한층 더 기업 경영의 최우선 사항이 되었다. 그러한 경영이 강화됨에 따라 주식시장은 당연하다는 듯 규모 축소를 환영했다. 기업이 대규모 인원 감축을 단행하면 비용ᶜᵒˢᵗ 삭감 효과로 인해 단기적으로 기업 수익이 증대하고 주가가 오르기 때문이다.

미국의 경영자들은 요사이 예전과 비교할 수 없는 높은 보수를 받아왔다. 질 안드레스키 프레이저는 이렇게 서술했다. "과거 20년 동안 임원 보수의 증가와 종업원 삭감의 불균등한 전개는 과연 놀랄 만하다." "미국의 주요 기업 지도자들은 1978년에 노동자 평균임금의 30배를 벌었다. 그들은 17년 후(1995년)에 115배 이상을 벌었다."

미국에서는 퇴직 후 생활을 대비한 저축과 연금을 포함해 개인 금융자산의 절반 가까이를 직접적이든 간접적이든 주식 형태로 보유하고 있다. 그렇기 때문에 주식을 보유한 노동자는 최고 경영자ᶜᴱᴼ들이 거액의 임원 보수를 받는 것에 불만을 느꼈을지라도, 1990년대 주가가 계속 상승하는 동안에는 인원 감축과 임금 삭감을 달게 수용해왔다고 할 수 있다.

일본에서도 1990년대 이후 장기 불황 속에서 대기업은 주식시장의 압력을 받아 마치 경쟁이라도 하듯 인원 감축을 되풀이했고, 노동자의 임금과 복리후생의 삭감을 진척시켜왔다. 주식시장의 요구와

죽도록 일하는 사회

인원 감축의 관련성에 대해서는《노동경제백서》2002년판에서도 다음과 같이 시사하고 있다.

종래 우리나라에서 기업의 인원 삭감은, 많은 경우 경영 상황의 악화를 반영해 이루어졌다. 한편 주주와의 관계로 본 기업 통치방식cooperate governance의 변화와 기업을 둘러싼 다양한 환경 변화를 배경으로 기업의 고용 전략에 변화가 있다면, 비록 경영 위기가 표면화하지 않는 때에도 전략적으로 인원을 삭감하는 경우가 있다고 생각된다. …… 근년 주거래 은행main bank*의 영향력이 저하하고, 주주의 영향력이 커지고 있다고들 말한다. 이 경우 주식시장의 평가가 중요해짐에 따라, 기업은 장기적인 안정보다도 오히려 단기적인 이윤을 좇게 되기 때문에 경기 후퇴기에는 과잉 고용을 삭감하라는 압력이 높아진다고 생각된다.

이 백서는 주식시장의 압력을 배경으로 한 '기업 통치방식과 고용 전략의 변화가 직접적인 인원 삭감 증가의 주요한 요인이 되었다는 자명한 데이터는 없다'고 전제한다. 그러나 일본에서도 주가 지상주의 경영의 대두가 노동조건을 악화시키고 과노동을 조장한다는 것은 최근 매스컴의 구조조정 보도만 보더라도 부정할 수 없을 것이다.

---

* 일반적으로 어느 특정 기업에 가장 많은 자금을 융자해주고 있는 은행.

영국에서도 과노동과 과로사 문제가 부상

영국 경제는 1960년대부터 1970년대에 걸쳐 장기정체에 빠졌다. 그 무렵 '사회보장이 지나치게 정비되어 있어 노동자의 의욕이 낮고 경제성장이 멈춘 나라'라는 뜻으로 '영국병'이라는 말이 나돌았다. 이것은 당시에도 이렇다 할 근거도 없이 붙여진 꼬리표에 지나지 않았다. 그런데도 일본인 대다수가 어느 시기까지는 '영국인이 일본인보다 여가를 중시한다'고 생각해온 것이 사실이다. 지금도 관광 안내서나 여행 에세이를 펼쳐보면 '영국은 시간이 느긋하게 흘러가는 나라'라고 적은 문장이 쉽게 눈에 띈다. 그러나 이제 영국은 유럽 가운데 단연 장시간 노동의 나라에 속한다.

영국 노동자의 노동방식은 영국 무역산업성DTI, Department of Trade and Industry의 '일과 생활의 조화work life balance 캠페인' 본부가 2002년에 실시한 노동시간 조사 결과에서도 확인할 수 있다.

○ 조사 대상 노동자 6명에 1명(16퍼센트)은 일주일에 60시간 이상 일한다. 2000년 조사에서는 전체 노동자 8명에 1명(12퍼센트)이었다.

○ 주 60시간 이상 일하는 여성은 16명에 1명(2000년 조사)에서 8명에 1명(13퍼센트)이 되었다.

○ 노동자의 4분의 3(75퍼센트)은 잔업을 하는데, 그중 잔업 수당이나 대체 휴가를 받는 이는 3분의 1(36퍼센트)에 지나지 않는다.

○ 30대 노동자 5명에 1명(21퍼센트)은 주 60시간 이상 일하고 있다. 매

우 강한 스트레스를 느끼는 노동자 비율이 5명에 1명(19퍼센트)이며, 30대 후반 노동자가 가장 심했다.

○ 남성 노동자 5명에 1명(19퍼센트)은 스트레스 때문에 병원에 다니는데, 40대 이상에서는 4분의 1(23퍼센트)이 넘는다.

이것은 곧이곧대로 믿을 수 없을 만큼 맹렬한 노동방식이다. 이래서는 과로사가 나와도 이상할 것 없다. 아니, 과로사는 이미 현실의 문제이다. 그 증거로 영국노동조합회의TUC, Trades Union Congress가 낸 건강·안전(산재 직업병) 전문지《해저드Hazards》2003년 여름호는 "돌연사Drop dead"라는 제목으로 과로사karoshi 특집을 꾸며서 21세기 주요한 직업병은 심장마비, 자살, 뇌경색 등이라고 소개하고 영국의 의사, 간호사, 교사, 우체국 노동자 등의 과로사와 과로 자살 사례를 다음과 같이 전했다.

의사 시드 왓킨스는 '크레이지'한 노동시간으로 몸이 견디지 못해 사망했다. 스트레스 때문에 지칠 대로 지친 교사 페메라 렐프는 자살했다. 멘탈 헬스 간호사 리처드 포콕이나 우체국 노동자 자메인 리도 마찬가지다. 이들 모두는 업무를 견디지 못해 끝내 죽은 것이다.

이 특집은 무역산업성의 조사 결과를 인용하면서 "작년에 실시한 영국 정부의 조사에 따르면 노동시간이 극단적으로 긴 사람들이 급격하게 증가하면서 수백만 명의 영국 노동자가 과로사 권역^{karoshi zone}에 들어섰다"고 지적한다.

일본의 〈노동력 조사〉에 의하면 같은 해인 2002년에는 주 35시간 이상 근무하는 노동자 6명 중 1명(16퍼센트)이 주 60시간 이상 일했다. 앞서 나온 숫자는 영국 노동자가 일본 노동자 못지않게 장시간 일하고 있음을 보여준다. 결국 이것은 영국 내에서도 과로사와 과로 자살이 사회문제로 떠오르고 있음을 가리킨다. 가히 영국 사회의 일본화라고 일컬을 만하다.

조금 전 조사는 콘티넨털 리서치사가 고용 노동자 508명에게 전화로 설문조사한 것이다. 표본이 지나치게 적다는 점에서 이 결과를 영국 노동자 전체의 데이터로 간주할 수는 없다. 그래서 좀 더 포괄적인 〈유럽 노동력 조사^{European Labour Force Survey}〉를 통해 〈표 1-4〉를 작성했다.

표에 나타나 있듯, 영국 전일제 노동자의 노동시간은 EU 국가 중에서도 눈에 띄게 길다. 전일제 노동자의 주 노동시간은 EU 15개국 평균이 40시간인데, 영국만 그것보다 3시간 더 긴 약 43시간을 일한다. 영국 통계국의 〈노동력 조사〉에 의해 2002년 봄 전일제 노동자의 직종별 주 노동시간을 보면, 관리직·상급 직원 46시간, 전문직 46시간, 전체 직업 평균 43시간이다.

유럽 대다수 국가에는 연간 30일 이상의 유급휴가가 있지만 영국에는 20일밖에 없다. 그래서 영국 노동자는 주간으로 보더라도 가장

	전일제			파트타임		
	남녀	남성	여성	남녀	남성	여성
영국	43.1	44.6	40.4	18.9	17.8	19.1
스웨덴	39.9	40.1	39.6	22.8	19.2	23.8
핀란드	39.2	40.1	38.2	20.2	19.5	20.5
포르투갈	40.1	40.9	39.2	20.3	22.0	19.9
오스트리아	40.0	40.1	39.9	22.1	22.3	22.1
네덜란드	38.8	39.0	38.0	19.3	19.4	19.3
룩셈부르크	39.8	40.3	38.6	20.6	(23.2)	20.5
이탈리아	38.7	39.9	36.6	23.8	27.6	22.8
아일랜드	39.5	40.6	37.7	17.3	18.1	17.1
프랑스	38.8	39.6	37.7	23.3	23.6	23.2
스페인	40.3	40.9	39.4	18.4	19.0	18.3
그리스	41.0	41.9	39.6	20.8	22.7	20.0
독일	39.6	40.0	39.0	17.8	15.6	18.1
덴마크	39.2	40.1	37.7	19.2	14.1	21.2
벨기에	39.0	39.6	37.7	22.8	23.5	22.7
EU15개국	40.0	40.8	38.7	19.8	19.2	20.0

출처 〈유럽 노동력 조사〉, 2004
주 괄호 안의 데이터는 샘플이 적기 때문에 신뢰성이 없다.

오랜 시간 일할 뿐 아니라 연간으로 보더라도 가장 짧은 휴가를 받고 있다. 더구나 그렇게까지 일해도 노동인구 1인당 국내총생산GDP은 유럽에서도 최저 수준에 속한다.

독일에서는 노동시간 연장에 대해 노사 합의가 확대 중

독일의 노동시간은 선진국 중에서도 짧은 편이라고 알려져 있다. 그러나 독일에서도 오랫동안 이어지는 경제 성장 정체와 높은 실업률을 근거로, 최근에는 노동시간의 감소 경향이 멈추고 조금이나마 증가 추세로 돌아서고 있다. 노동시간의 연장은 인원 감축과 보너스 삭감 등을 끼워팔기로 경영진이 제기해왔다. 이에 대해 노동조합은 파업을 일으키는 등 대항하며 주 35시간제 원칙을 유지해왔지만, 개개 분야에서는 경영진의 공격에 밀려 어쩔 수 없이 후퇴한 노동조건을 받아들이기도 했다.

노동정책연구·연수기구(후생노동성 소관의 독립 행정법인) 사이트인 '해외 노동정보'에 따르면 독일의 금속산업 부문이 2004년 2월에 체결한 노동협약에서 현행 주 35시간제 원칙을 지키면서도 기능 자격이 높거나 직위가 높은 종업원에 대해서는 사업장 종업원 수의 50퍼센트까지 주 40시간 노동에 임할 수 있다는 합의가 성립했다. 기존 협약에서도 사업장 전체의 18퍼센트에 해당하는 종업원에게 주 40시간까지 노동을 시킬 수 있었지만, 경영자 입장에서 보면 이 개정으로 시간 연장의 적용 범위가 넓어졌다.

마찬가지로 '해외 노동정보'에 의하면 전기 기기의 최대 기업인 지멘스는 2004년 6월 노르트라인베스트팔렌Nordrheinwesthalen 주, 휴대전화를 제조하는 2공장 4,000명 남짓 종업원에 대해 주 노동시간을 40시간으로 연장하는 것으로 IG 메탈(독일 금속산업노조)과 협정을 맺었다. 연장에 걸맞은 임금의 증액은 없으므로 시급으로 환산하면 사실상의 임금 인하이다. 크리스마스 수당 및 휴가 수당도 폐지하고 성과 수당으로 일원화했다. 이런 조건을 받아들이는 대가로 경영진은 2년 동안 고용을 보장받는다.

자동차 제조업체 다임러클라이슬러에서는 경영자 측이 제기한 '50억 유로의 경비 삭감 계획'을 둘러싸고 2004년 여름에 공방이 벌어졌는데, 6,000명의 해고 예고의 취하와 향후 8년간 고용 보장을 조건으로 노동시간에 관해 다음과 같이 합의했다. 즉 기술·연구직 노동자 2만 명에게 주 30~40시간의 탄력시간제flex time를 도입할 것, 식당과 공장 안전관리 등 서비스 부문은 주 39시간 노동으로 정할 것, 한 시간마다 5분씩 있던 휴게 시간을 연 이틀의 휴일로 바꾸며 휴게 시간을 연 30시간 줄일 것 등이었다. 다만 생산 부문의 노동시간 연장은 이루어지지 않았다.

2005년 1월에는 지멘스와 IG 메탈 사이에 8,000명 종업원을 대상으로 주 35시간에서 주 37시간으로 시간 연장을 합의했다. 연장에 걸맞은 임금의 증액은 없다.

이렇듯 독일에서는 최근에 이르러 노동시간 연장의 움직임이 두드러지고 있다. 그러나 일본이나 미국에 비하면 여전히 시간 단축 선진국이라는 사실에는 변함이 없다. 경영자 측이 제기한 노동시간의 연장에 대해 노동조합은 파업도 불사한다는 자세로 대항해왔다. 공장이나 직종에 따라서는 경영진의 공세에 떠밀린 나머지 할 수 없이

후퇴한 노동조건을 받아들이고 있지만, 큰 틀에서 보면 주 35시간제 원칙을 유지하고 있다는 점을 주시할 필요가 있다.

프랑스에서도 주 35시간제를 재고하는 움직임이 강화 중

독일과 나란히 노동시간이 짧은 프랑스에서도 경영진에 의한 노동시간 연장 움직임이 강해지고 있다. 프랑스의 시간 단축 역사는 오래되었다. 1936년 프랑스에서는 인민전선 내각 아래 주 40시간 노동과 2주간의 연차 유급휴가를 결정한 '바캉스 법'이 성립했다. 근래에 들어서는 1998년 6월 '노동시간 단축에 관한 방향성과 인센티브 부여를 위한 법'과 2000년 1월 '교섭에 근거한 노동시간 단축에 관한 법'에 의한 노동법전 개정으로 주 35시간 노동제를 도입했다.

그러나 '해외 노동정보'에 의하면 현재 주 35시간제를 수정하려는 움직임이 강화되고 있다. 2002년 봄에 발족한 라파랭* 정권은 같은 해 말에 법정 잔업시간을 연 130시간에서 180시간으로 연장하고, 종업원 20명 이하 사업장에서는 주 35시간법의 적용을 동결했다. 나아가 라파랭 총리는 2004년 12월에 노동시간 제도를 탄력적으로 운용하는 법안을 제출할 방침이라고 천명했다.

2005년 2월부터 심의를 시작한 이 법안은 주 35시간의 법정 노동시간을 유지하면서도 '수입의 증가를 바라는 노동자가 오래 일할 수 있도록 한다'는 명분을 내걸고 실질적으로 시간외 노동(잔업)을 포함해 '주 40시간'을 가능하게 했다. 이 법안은 현재 연간 180시간까지 인정하는 잔업의 상한시간을 늘려 연간 220시간까지 인정할 뿐 아니라, 주 35시간보다 더 일한 시간에 대해 휴가 등 현금으로 지급 받도록 한다. 또한 종업원 20명 이하의 사업장에서는 잔업을 포함한 노동시간의 상한을 주 36~39시간 범위 안에서 최대 10퍼센트까지 끌어올릴 수 있는 현재의 특례를 3년간 연장한다.

시간 단축을 이끌어온 야당인 사회당과 노동조합 등은 '실업자를 늘린다'는 이유로 이 법안을 반대했다. 최근 여론조사를 보면 '35시간제'의 수정에 18퍼센트가 찬성, 77퍼센트가 반대라고 대답했다는 보도가 있다(《아사히신문》, 2005년 2월 5일, 석간). 2005년 3월 10일에는 프랑스 전국 115개의 시에서 100만 명이 넘는 노동자가 참가해 35시간제 유지, 임금 인상·고용 확보를 요구하는 시위가 있었다. 그럼에도 프랑스국민회의(하원)는 3월 22일, 주 35시간 노동제의 탄력적인 운용을 인정하는 법안을 가결했다. 여전히 제도의 유연화에 대한 노동조합의 저항은 거세고, 주 35시간제를 둘러싼 노사 양측의 공방은 계속 벌어지리라 예상된다.

---

* 2002~2005년 자크 시라크Jacques Chirac 대통령과 장 피에르 라파랭Jean Pierre Raffarin 총리가 이끈 정권을 말한다. 치안 강화, 지방분권화, 공공서비스 개선, 조세감면, 주요 국영기업 사유화 등을 주요정책으로 추진했다.

노동시간을 둘러싼 국제적인 줄다리기

노동시간을 둘러싸고 국내의 경영자와 노동자, 경영자 단체와 노동조합 사이의 줄다리기만 있는 것은 아니다. EU는 노동시간 등 노동기준에 대해 공통 사회정책을 지향하고 있다. 그러나 EU 내부에서도 법률이나 관행, 국내 사정 등 차이를 반영한 국제적인 줄다리기가 존재한다.

이를테면 EU 내 최고재판소에 해당하는 유럽사법재판소(룩셈부르크)는 1996년 노동시간이 주 평균 48시간을 넘어서는 안 된다는 EU 규제를 수정하도록 요구한 영국 정부의 요청을 각하했다. 그것은 유럽사법재판소가 노동자의 건강 유지를 위해 잔업이 한 주에 일정 한도(주 40시간 노동을 기준으로 삼으면 8시간)를 넘어서는 안 된다고 판단했기 때문이다. 1997년에는 총선거로 보수당을 누르고 정권에 복귀한 노동당이 해고 규제나 노동시간 규제를 포함한 노동자의 권리 보장에 대해 영국 국내법보다 한 걸음 더 나아간 내용의 EU 공통 사회정책을 수용했다.

노동시간을 둘러싼 국제적인 줄다리기는 오늘날 옛 사회주의권인 동구 국가와 아시아, 아프리카, 중남미를 끌어들이며 더욱 글로벌한 무대에서 벌어지고 있다.

앞서 소개한 독일의 다임러클라이슬러에서는 회사 측의 시간 연장 제안을 조합 측이 수용하지 않는다면, 소형차 신모델 생산 거점을 브레멘(독일 북서부에 있는 도시)의 자사 공장과 남아프리카로 옮기겠다는 안을 내놓았다. 지멘스는 조합과 합의할 수 없다면 임금이 낮고 노동시간이 긴 헝가리, 나아가 중국으로 2공장의 생산 기능을 이전하겠다는 생각을 내비쳤다. 노동자 측이 본뜻이 아니면서도 회사 측의 시간 연장 제안을 받아들일 수밖에 없는 것도 이런 움직임이 밑바탕에 깔렸기 때문이다.

지멘스의 예를 보면 이 회사의 종업원 42만 명 중 대부분은 국외 고용이고, 독일 국내 고용은 17만 명에 지나지 않는다. 그러면 그럴수록 노동시간은 기업활동의 글로벌화로부터 엄청난 영향을 받을 수밖에 없다.

노동시간을 둘러싼 글로벌 경쟁

세계화globalization란 다수의 국가에 걸쳐 생산하고 판매하는 다국적기업을 중심으로 기업활동의 전 지구화가 이루어지고, 세계의 여러 지역 간에 경제 관계의 시간적·공간적 결합이 긴밀해지는 것을 말한다. 그것은 인터넷 등 정보통신기술이 고도로 발달함으로써 촉진되었다는 점에서 이전의 국제화와 구별된다. 또한 이미 상당한 정도로 공업화를 이룬 한국, 대만, 홍콩을 제외한 다른 아시아 국가들의 공업화, 구소련과 동구 사회주의권의 시장 경제화, 세계의 공장이라고 불리는 중국의 대두라는 점에서 자본주의의 새로운 세계적 발전 단계를 의미한다.

오늘날에는 일본과 미국, 유럽의 다국적기업이 중국 및 기타 개발
도상국으로 공장을 옮겨 대규모 현지 생산을 통해, 진출한 나라의 노
동자가 생산한 제품을 본국으로 역수입하고 있다. 이것은 일본과 미
국, 유럽의 노동자가 중국 등 개발도상국 노동자와 임금과 노동시간
을 둘러싸고 직접 경쟁해야 한다는 것을 뜻한다.

ILO의 통계 사이트에서 아시아 국가의 2000년도 주 노동시간(제
조업)을 비교하면 한국, 홍콩(중국), 대만, 싱가포르, 태국, 필리핀, 인
도 등 어느 나라를 보더라도 선진국 중 가장 오래 일하는 일본보다
노동시간이 더 길다(〈그림 1-4〉). ILO 사이트에는 중국의 노동시간
이 홍콩과 마카오밖에 나오지 않는데, 대륙 중국의 주 노동시간은 하
루 노동시간이 11시간에서 12시간에 이른다고들 하니까 평균 잡아

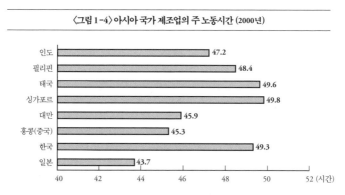

〈그림 1-4〉 아시아 국가 제조업의 주 노동시간 (2000년)

인도	47.2
필리핀	48.4
태국	49.6
싱가포르	49.8
대만	45.9
홍콩(중국)	45.3
한국	49.3
일본	43.7

40   42   44   46   48   50   52 (시간)

출처 ILO 노동통계연감, LABORSTA Internet
주 일본은 노동력 조사에 따른 제조업 취업자의 숫자, 대만은 월 노동시간을 주로 환산한 숫자,
필리핀은 1998년의 수치이다. 각국의 통계 방법이 일정하지 않기 때문에 엄밀한 비교는 불가능하다.

죽도록 일하는 사회

50시간에서 60시간쯤이 아닐까 추정된다.

경제산업성의 2003년도판 〈해외사업활동 기본조사결과 개요〉에 의하면 제조업 중 일본 기업의 해외 생산비율은 과거 최고인 16퍼센트(해외진출 기업을 기준으로 하면 30퍼센트)에 달했다. 일본 기업의 현지 법인에 의한 고용자 수는 372만 명, 그중 제조업이 308만 명이다. 지역별로는 아시아가 244만 명(66퍼센트)으로 가장 많은 비율을 차지했다. 일본 노동자는 고용으로 보나 노동시간으로 보나 이들 해외 노동자와 글로벌 경쟁에 내몰리고 있다.

기업의 사회적 책임CSR, Corporate Social Responsibility에 관한 정보를 제공하는 'CSR 아카이브'라는 사이트에 아다치 에이치로足達英一郞가 2004년 12월 16일 《뉴욕타임스》에 실린 기사를 소개하는 형식으로 중국 내 '일본계 기업의 1만 명 파업'을 전하고 있다. 그 원인의 하나는 "하루 노동시간이 11시간(대개 항시적인 3시간 잔업을 포함)에 이르는데도 월 기본급은 484위안(일본 엔으로 6천 엔 정도)이라는 대우에 불만이 들끓어 올랐기 때문"이다.

세계화가 진행되면 생산 과정뿐 아니라 사무 노동이나 유통 과정에서도 업무와 기능의 국제적인 통합과 분할이 이루어진다. 그 결과 미국에서는 '오프쇼어offshore'*라 불리는 소프트웨어 개발, 콜센터(전

---

* 법률 규제, 세제 등이 완화된 국외에 거점을 두거나 자국의 법 규제를 받지 않는 비거주자 사이의 거래 제도에 의거하는 것.

화로 소비자의 문의와 접수를 받는 거점), 회계, 법무 같은 업무의 해외 이전이 문제로 떠오르고 있다. 콜센터에서는 인도가 해내는 역할이 크다. 미국인보다 인도인의 임금이 싸고, 노동시간이 길고, 영어로 대응하는 능력이 뛰어나기 때문일 것이다. 일본어로는 이런 일이 일어나지 않을지도 모른다. 그러나 《아사히신문》은 "중국의 인건비가 싸다는 점을 활용해 일본 기업에서 하청을 받은 대규모 일본어 콜센터가 중국에 진출한다"고 보도한 바 있다(2004년 7월 20일, 석간). 장소는 다롄大連이고, 일본어가 유창한 중국인 학생을 채용한다고 한다. 이것도 하나의 세계화다.

세계화를 견인하는 주요한 동력 중 하나는 다름 아닌 정보통신기술이다. 제2장에서는 정보통신기술이 현대 기업과 노동에 미치는 충격에 대해 검토해보자.

제2장

가정도 직장도 일터가 되었다

정보자본주의의 충격

정보통신혁명은 일을 늘리고, 노동시간을 연장했다

컴퓨터와 인터넷 등 새로운 정보통신기술은 커뮤니케이션 수단인 동시에 노동수단이다. 공장이나 사무실에서 노동을 경감하고 노동시간을 단축해줄 것이라는 기대를 모았지만, 이제 와서는 다음과 같은 이유로 오히려 업무량을 늘리고 노동시간을 연장하는 역할을 맡고 있다고 여겨진다.

첫째, 새로운 정보통신기술은 정보시스템의 개발과 응용으로 이어지는 전문적·기술적 직업을 낳는 한편, 많은 부분에서 업무를 표준화하는 동시에 단순화한다. 그에 의해 고용 형태의 다양화와 업무의 아웃소싱(외부 위탁)이 쉬워지고, 정규 고용의 대다수를 비정규 고용으로 치환하는 것이 가능해진다. 그 결과 많은 노동자가 종래의 안정적인 일터를 빼앗기면서 고용이 점점 더 불안정해진다.

둘째, 새로운 정보통신기술은 노동을 덜어주거나 불필요하게 만드는 강력한 수단이면서도 비즈니스의 가속화, 시간을 기반으로 한 경쟁 격화, 상품과 서비스 종류의 다양화, 경제활동의 경계를 없애거나 24시간화를 촉진함으로써 전체로 보든 1인 기준으로 보든 업무량을 증가시키고 있다.

셋째, 새로운 정보통신기술은 업무 처리를 신속화하고 노동시간의 단축을 가능하게 하면서도 노동의 시간과 공간, 생활의 시간과 공간을 네트워크를 통해 '접속'시킴으로써 노동시간을 한없이 연장할 염려가 있다. 오늘날 노동자는 사무실 바깥에 있어도, 가정 안에 있어도, 회사와 고객이 보내는 이메일이나 휴대전화를 통해 업무의 세계로 끌려들어 간다. 회사에서도 혼자 수습하지 못할 만큼 대량의 이메일을 처리하고도 또다시 가정에서 이메일의 홍수에 시달린다.

넷째, 새로운 정보통신기술은 커뮤니케이션과 정보 처리의 편리한 수단이지만, 기업 사회에서는 온갖 종류의 스트레스와 건강장애를 일으키고 있다. 정보기술의 현저한 진보에 발맞추어 부단하게 적응할 것을 강요받는 노동자는 정보화에 뒤처지지 않아야 한다는 강박관념을 떨쳐낼 수 없다. 컴퓨터 같은 디스플레이 장치를 장시간 쳐다보는 노동자는 눈의 피로와 건조함, 요통, 어깨 통증 등 영상표시단말기VDT, Visual Display Terminal 증후군 증상이 생기기 쉽다.

산업혁명과도 비슷한 일이 일어났다

노동을 덜어주고 노동시간을 단축하는 기술이 실제로는 업무량을 늘리고 노동시간을 연장한 사태는 오늘날 처음 발생한 것이 아니다. 18세기 후반부터 19세기 전반 영국 등에서 일어난 산업혁명은 지금 우리가 목격하는 바와 비슷한 일을 불러일으켰다.

산업혁명을 견인한 공장의 기계 도입과 보급은 시간당 생산량을 비약적으로 증대시켰지만, 당장에는 노동시간의 단축으로도 노동자 상태의 개선으로도 이어지지 않았다. 그렇기는커녕 기계화는 많은 작업 영역에서 남성 노동자가 지닌 숙련 기술을 불필요하게 만들었고, 도구와 손기술의 숙련도가 힘을 떨치던 시대에는 다소나마 허용되었던 노동자 개인의 저항하는 힘을 아예 빼앗아버렸다. 또한 기계화에 따라 공장에서는 값싼 노동력으로서 여성 고용이 대량으로 늘어나고, 어린이까지 노동에 동원되었다. 그러자 실업의 불안이 높아지고 노동자의 상호 경쟁이 격렬해지면서 공장주에 대한 노동자 전체의 입장은 약해질 수밖에 없었다. 이 상태는 나중에 고용, 임금, 노동시간 등 노동조건의 유지와 개선을 위한 노동조합이 결성되면서 변화하기는 하지만.

과거에는 기술자가 감독관의 지휘를 받으면서도 어느 정도까지는 자신의 의지로 자신의 노동을 조절할 수 있었다. 그러나 기계 경영에 의한 단순 노동자로 전락하면, 생산 공정의 관리권은 완전히 공장주에게 넘어간다. 이로써 공장주는 기계라는 새로운 기술체계의 힘에 의거해 노동자에게 노동시간의 연장과 노동강도의 강화를 밀어붙일 수 있다.

기계 경영은 기계에 투자한 자본의 절약을 위해서도 기계를 가능한 한 장시간 가동할 필요가 생긴다. 또 더욱 새롭고 더욱 성능 좋은 기계가 등장해 현재 사용하는 기계가 경쟁을 견디지 못할 위험이 늘 존재하기 때문에 기계의 감가상각을 서두를 필요가 있다. 이런 이유에서 기계화와 아울러 교대제 근무와 심야 노동이 등장하고, 밤낮 구별이 없어졌다. 노동자는 안식일인 일요일에도 공장에 결근하면 계약 위반이라는 명목으로 처벌을 받게 되었다.

이리하여 산업혁명 시기에는 기계의 위력에 의해 하루 노동시간의 자연적, 관습적 제한이 모조리 사라지고, 19세기 전반 영국의 노동자는 하루 10시간 정도 일하던 이전보다 당연하게도 하루 12시간, 주 70시간이나 일하게 되었다.

그러나 노동시간에는 더 이상 넘어서거나 연장할 수 없는 육체적·정신적·가족적·사회적 한도가 있다. 인간은 하루 24시간 주기로 생활하며 일정한 수면, 휴식, 식사, 목욕 등을 위한 시간이 필요하다. 또한 일정한 사교, 문화, 교양, 오락, 운동 등을 위한 시간도 불가결하다. 가정생활을 영위하는 경우는 육아, 취사, 세탁, 청소, 장보기 등 가사노동도 해야 한다. 어느 정도 자유시간이 없으면 지역 참가, 사회 참가, 정치 참가도 불가능하다. 이러한 한도를 넘어 지나치게 장시간 노동하거나(노동을 강요받으면) 노동자의 건강은 무너지고 정신은 피폐해지며 최악의 경우는 가족과 사회의 유지조차 위태로워진다.

영국에서 과중 노동에 의한 건강 파괴로부터 노동자를 보호하기 위해 법률로 노동시간을 제한하고 단축하기 시작한 것은 1830년대부터다. 그때부터 오늘날에 이르는 노동시간의 단축 행보에 대해서는 제5장에 서술할 것이다. 일단 여기에서는 노동시간이 지나치게 길어지면 일하는 사람들 사이에서 인간다운 생활을 누리고 싶다는 목소리가 커지고, 그것이 사회의식의 변화나 노동조합의 요구, 법제 정비 등을 통해 조만간 노동시간의 단축을 가져올 수밖에 없다는 점을 강조해두고 싶다.

맥도날드는 컴퓨터가 낳은 자식

정보통신혁명은 컴퓨터에서 시작한다. 1980년대 초에는 가정에서의 컴퓨터 이용이 아직 맹아적인 단계였지만, 기업에서의 컴퓨터 이용은 공장에서 사무실로 확대되었다. 바바라 가슨Barbara Garson의 저서 《전자 착취 공장: 컴퓨터는 어떻게 미래의 사무실을 과거의 공장으로 변화시키고 있는가The Electronic Sweatshop: How Computers are Transforming the Office of the Future into the Factory of the Past》(1988년)는 컴퓨터가 바꾼 사무실의 모습을 다음과 같이 묘사한다.

태평스러운 전문가들은 사무실 컴퓨터가 틀에 박힌 단조로운 노동을 없애고, 우리 모두 지식노동자가 되는 탈공업시대를 예고한다고 주장했다. 그러나 사무실의 문을 열고 들어가면 나란히 앉아 키보드를 두드리는 여성 사무원들이 눈에 들어온다. 그녀들의 작업은 공장의 조립 공정과 마찬가지로 이미 판에 박힌 일상이 되어 있다.

바바라 가슨에 따르면 과거의 산업혁명을 비롯해 과학적 관리법(시간·동작 연구에 근거한 효율화의 기법)에 이르기까지 근대의 경영원리는 노동과정의 관리권과 의사결정을 상위 조직에 맡기고, 숙련 노동자를 비숙련 노동자로 대체하는 것이었다. 지금은 이와 동일한 원리가 사무실의 화이트칼라에게 적용된다. 컴퓨터의 도입과 더불어 화이트칼라는 '훈련비용이 들지 않고, 대체하기 쉬우며, 숙련되지 않았고, 임금이 싸며, 전문성이 없는' 노동자로 바뀌고 있다는 말이다.

이런 인식을 바탕으로 바바라 가슨이 《전자 착취 공장》에서 가장 먼저 다룬 것은 패스트푸드 분야의 아르바이트 산업을 대표하는 맥도날드이다. 미국의 맥도날드는 1988년 당시 십대 젊은이를 약 50만 명 고용했다(지금은 100만 명이 넘는다). 임금이 싸고, 햄버거와 감자튀김과 콜라 세트가 2.45달러였던 당시 시급은 3.35달러였다(2005년 기준으로는 고교생이 약 6달러 정도 받는다). 탄력적인flexible 근무시간을 내세웠지만, 실제로는 시간의 규율이 엄격했다. 조금만 지각해도 해고로 이어졌고 근무시간의 연장과 잔업을 문제시하는 것은 금기였다. 시급이 낮은 아르바이트여서 오랫동안 계속 일하는 사람은 거의 없었다. 맥도날드에서 일하다가 그만둔 미국인은 약 800만 명(전체 노동력의 7퍼센트)에 달한다.

컴퓨터가 없으면 이러한 아르바이트 산업은 성립하지 않는다고 바바라 가슨은 말한다. 맥도날드가 자랑하는 감자튀김을 노르끄레하게 튀겨 손님에게 내놓고 계산을 마치기까지 튀겨진 상태, 양量의 표준화, 신속한 계산 처리, 작업 순서의 매뉴얼 등 모든 문제를 해결한 것은 컴퓨터이다. 작업 순서는 철저하게 매뉴얼로 만들고, 작업자의 재량이나 짐작을 보태거나 자기 식으로 문제를 해결할 여지는 거의 완전하게 배제했다.

조지 리처George Ritzer의 저서 《맥도날드처럼 되어가는 사회The McDonaldization of Society》(1999년)에는 맥도날드가 개발한 '컵이 가득 차면 빛 센서가 작동해 자동으로 소프트드링크 분배기를 정지시키는 장치'나 '바구니 안에 감자튀김을 넣어 조리하고(조리 중에 바구니를 흔들기까지 하는), 다 튀겨진 것을 빛 센서가 알려주면 바구니를 여는 감자튀김용 로봇'이 예로 나온다. 리처에 따르면 이는 모두 종업원의 판단력과 결정의 여지를 박탈해 인간을 로봇처럼 작동시키려는 것이다.

수많은 체인점이나 직영점의 매상, 매입관리도 모두 컴퓨터로 처리하고 있다는 사실은 말할 필요도 없다.

오늘날 하이테크 기업과 아웃소싱의 확대

컴퓨터의 발전은 전자 회로나 주변 기기 등 하드웨어의 개발과 이용뿐 아니라 소프트웨어(프로그램)의 개발과 이용에 따라 새로운 전문직 종사자를 숱하게 창출했다. 그러나 오늘날 하이테크 기술이 산출하는 것은 피터 드러커Peter Drucker가 말하는 지식노동자(전문지식을 가진 테크놀로지스트)만은 아니다. 컴퓨터와 인터넷의 발달에 의해 고용 형태의 다양화와 업무의 아웃소싱이 쉬워졌고, 오히려 다수의 비숙련 노동자를 창출함으로써 정규 고용을 비정규 고용으로 대체하는 것이 가능해졌다. 그 결과 적지 않은 노동자가 대체로 안정적이었던 종래의 일자리를 빼앗기고, 고용은 점점 더 불안정해졌다.

파트타임·아르바이트·파견 노동 등 비정규 고용의 확대는 오늘날 하이테크 산업에서도 널리 확인할 수 있다. 하이테크 공장이 모여 있는 실리콘밸리에서는 빈번하게 아웃소싱을 이용한다. 실리콘밸리의 작업 조직에 관한 크리스 베너Chris Benner와 에이미 딘Amy Dean의 연구를 살펴보면, 실리콘밸리에서는 이미 1980년대까지 건물의 유지 관리와 조원造園 등의 주변 업무를 외부에 위탁했는데, 1990년대에 들어서서는 급여 계산과 인사 관리를 비롯해 제조에 이르는 온갖 업무도 외부 위탁으로 돌렸다. 그중에서도 가장 급격하게 성장한 것은 제조 부문의 업무 도급*이다. 어느 컴퓨터 회사는 1990년대 말이 되자 부품과 소프트웨어, 서비스에 필요한 경비의 80퍼센트 이상을 외부에서 조달하기에 이르렀다.

아웃소싱을 담당하는 노동자의 대다수는 '개인 도급'의 형태로 일하는 저임금 이주노동자다. 그(녀)들은 어떤 보장도 받지 못한 채 종종 자택에서 최저 임금(시급 5.15달러) 이하의 성과급을 받고 전자회로 기반 등을 조립하는 노동을 해야 한다.

미국에서 '독립계약자IC, Independent Contractor'라고 불리는 개인 도급 노동자는 〈노동력 조사〉에 따르면 2001년을 기준으로 858만 명(전체 노동력의 6.4퍼센트)을 헤아린다. 독립계약자는 자기의 전문능력을 살린 자유로운 노동방식을 취한다는 점에서 선호하는 측면도 있다. 그러나 개인 도급이나 독립계약의 형식을 취하더라도 시간과 고용 계약에 얽매이지 않는 자영업 또는 자유업 같은 노동방식으로 전문적인 기능과 지식에 상응하는 높은 급여를 받는 사람은 소수에 그친다. 오히려 노동방식이나 지급방식을 볼 때 개인 도급 노동자는 저임금 노동자인 경우가 많다. 더구나 엄연히 '고용 계약'인데도 노동기준의 준수, 부가 급부의 지급, 최저임금의 보장 등 고용주의 법적 의무를 회피하기 위해 계약상 '개인 도급'의 형태를 취하는 '위장 고용'이 많다는 점이 더 중요하다(나카노 구미코仲野組子,《미국의 비정규 고용 アメリカの非正規雇用》, 2000년).

---

* 당사자의 일방(수급인)이 어느 일을 완성할 것을 지정하고 상대방(도급인)이 그 일의 결과에 대한 보수지급을 약정하는 계약을 말한다.

일본에서도 볼 수 있는
정보화에 따른 비정규 고용의 적극적 활용

일본에서도 파견 노동자와 개인 도급 노동자가 급속하게 늘고 있는데, 2001년의 《노동경제백서》에 따르면 1994년에 전체 산업 중 약 58만 명이었던 파견 노동자 수가 1999년 약 107만 명으로 증가했다(실태는 이 숫자보다 훨씬 더 많다고 여겨지며, 2005년 2월에 발표한 후생노동성의 〈노동자 파견 사업의 2003년도 사업 보고의 집계 결과〉를 보면 파견 노동자 수가 약 236만 명에 이른다). 개인 도급 노동자는 공식 집계가 없고 파견 노동자와 혼재하는 경우도 있기 때문에 인원수를 파악하기는 힘들다. 하지만 적게 어림잡아도 수십만 명에 이를 것으로 추정한다. 직종은 각종 전문·기술직, 각종 재택 노동자, 배달·청소·경비·판매원, 택시·트럭 운전사 등 다양하다.

파견 노동자, 개인 도급 노동자 등 비정규 고용의 확대는 정보통신기술 발전에 크게 기인한다. 그것은 정보통신기술 혁신이 업무의 표준화와 아웃소싱에 의해 그때까지 정사원이 해내던 업무를 비정규 사원도 해낼 수 있게 만들었기 때문이다.

그중에서도 정보기술과 관련이 깊고 최근 들어 현저하게 증가하는 것이 파견 노동자다. 조금 낡은 자료이지만 아까 나온 《노동경제백서》에 의하면 파견 노동자는 정보통신기술 분야에 많고, 1998년을 기준으로 정보통신기술 관련 업무(사무용 기기 조작, 소프트웨어 개발, OA 인스트럭션*)에 종사하는 사람은 전체 파견 노동자의 46퍼센트를 차지한다.

죽도록 일하는 사회

정보통신 관련 업무 중에서도 대표적인 것으로는 사무용 기기 조작 업무와 소프트웨어 개발 업무를 꼽을 수 있다. 1998년을 기준으로 사무용 기기 조작 업무의 파견 노동자 수는 정보통신 관련 파견 노동자의 88퍼센트, 전체 파견 노동자의 40퍼센트를 점한다. 또한 같은 해 소프트웨어 개발 업무의 파견 노동자 수는 정보통신 관련 파견 노동자의 10퍼센트를 차지했다.

파견 형태는 사무용 기기 조작 업무의 경우 상용 고용이 아닌 등록형이 중심인 데 비해, 소프트웨어 개발의 경우는 대다수가 상용 고용형이다.

'유비쿼터스 네트워크'의 시대

인터넷에 접속 가능한 컴퓨터와 휴대전화가 널리 보급된 사회를 정보사회라고 부른다면, 이 세상은 실로 정보사회다. 총무성의 2005년판 《정보통신백서》에 의하면 〈그림 2-1〉에서 보는 바대로 2004년 말 시점에서 일본의 인터넷 이용 인구는 7,948만 명, 6세 이상을 대상으로 한 인구 보급률은 62퍼센트에 달한다. 1999년 이용 인구 1,155만 명에 비하면 7배 가까이 증가했다. 2004년 말 기업 (300명 이상)의 인터넷 보급률은 98퍼센트, 사업장의 보급률(5명 이

---

* 컴퓨터의 기간 조작, 소프트웨어의 사용 방법, 기업의 사원 연수 및 컴퓨터 기술을 지도하는 일.

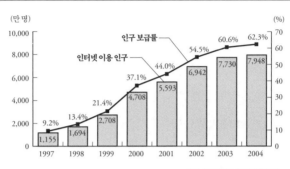

〈그림 2-1〉 일본 내 인터넷 보급률 추이

출처 2005년판 《정보통신백서》

주 2004년 말 인구 보급률(62.3퍼센트)은 6세 이상을 대상으로 한 인터넷 이용 인구 7,948만 명을
같은 해 10월의 전체 인구 추계치 1억 2,764만 명에서 뺀 것이다.

상)은 82퍼센트에 달한다.

DSL^{Digital Subscriber Line}, 케이블 인터넷, 초고속 인터넷 접속망 FTTH^{Fiber To The Home} 등 고속통신회선을 '브로드밴드'라고 한다. 자택의 컴퓨터에서 인터넷을 이용하는 세대 가운데 브로드밴드를 이용하는 세대는 2004년 말 62퍼센트가 되어, 2000년 말의 7퍼센트보다 9배 늘어났다.

이러한 보급률을 염두에 두면 이미 2004년판 《정보통신백서》가 지적했듯 컴퓨터, 휴대전화, 게임기, 텔레비전 등 다양한 단말기로 직장과 가정뿐 아니라 이동 중까지 포함한 모든 상황에서 '언제나, 어

---

* 장소에 상관없이 자유롭게 네트워크에 접속할 수 있는 정보통신환경.

죽도록 일하는 사회

디에서나, 누구나' 인터넷을 이용해 자유자재로 정보를 주고받을 수 있는 '유비쿼터스ubiquitous* 네트워크'가 실현되고 있다고 말할 수 있다. 그만큼 정보통신기술의 진보는 기업 활동과 사람들의 커뮤니케이션뿐 아니라 생활과 노동 스타일을 크게 변화시키고 있다.

국제전기통신연합ITU, International Telecommunication Union이 공표한 추계에 따르면 2003년 말을 기준으로 한 세계의 인터넷 이용자 수는 약 6억 8,757만 명이다. 1992년은 추계 약 1,000만 명이었기 때문에 10년간 70배 가까이 늘어난 셈이다. 실로 인터넷의 비약적 발전이 이루어진 10년이다. 1990년대 후반에는 닷컴 기업이라고 불리는 벤처기업을 중심으로 인터넷 관련 기업의 주가가 대단히 상승하고, 인터넷 거품이라 말하는 상황이 출현했다. 인터넷 거품은 2000년도 상반기에 인터넷 관련 종목의 폭락으로 일단 막을 내렸지만, 그것도 정보통신기술의 진보가 세계를 변화시키는 징후 중 하나였다.

이용자 수로 본 세계의 인터넷 보급률은 지역에 따라 격차가 크게 벌어진다. 어림잡아 말하면 고소득 국가와 저소득 국가 사이에는 정보통신의 현저한 이용 격차가 존재하고, 그것이 국제적인 '디지털 디바이드(정보 격차)'라는 문제를 낳고 있다. 다만 1인당 국민소득이나 실질임금의 국제적인 격차가 그대로 인터넷 이용 격차와 맞물리는 것은 아니다. 소득 수준은 상위가 아니지만, 공업화 속도가 빠른 나라나 지역은 인터넷 보급의 속도도 빠르다.

2004년판《정보통신백서》를 근거로 브로드밴드의 보급 상황을 국제적으로 비교하면, 2002년도에 계약 건수가 많았던 나라 열 곳은 미국, 한국, 일본, 캐나다, 독일, 대만, 프랑스, 영국, 네덜란드, 홍콩 순으로 일본이 3위에 올라 있다. 그러나 인구 보급률로는 한국, 홍콩, 캐나다, 대만, 덴마크, 벨기에, 아이슬란드, 스웨덴, 일본, 네덜란드 순으로 일본은 9위로 떨어진다.

중국의 정보화도 눈부시게 빨라지고 있다. 중국 인터넷협회에 따르면 인터넷 가입자 수는 2003년 말에 7,950만 명으로 미국에 이어 세계 2위로 추정된다. 또 중국정보산업부에 따르면 2003년 10월 집 전화 가입자가 2억 5,514만 명, 휴대전화 가입자 수가 2억 5,694만 명으로 휴대전화가 급속한 추세로 보급되고 있음을 알 수 있다.

휴대전화 · 이메일을 좋아하는 일본 대학생

아까 2005년판《정보통신백서》에는 일본의 휴대전화 계약 건수가 2004년 말에 8,700만이라고 되어 있다. 1995년 말부터 2000년 말에 걸쳐서는 1,020만에서 6,094만으로 연율年率 43퍼센트의 높은 증가를 보였다. 그러나 2000년도 말부터 2004년도에는 6,094만에서 8,700만으로 연율 9퍼센트 증가에 머물렀고, 계약 수의 증가는 2001년도 이후 상당히 둔화되었다. 그만큼 휴대전화 시장은 한계에 도달해 포화 상태에 가까워졌다는 견해도 있다.

대학생 사이에서는 거의 100퍼센트 가까이 휴대전화가 보급되어 있다. 조금 지난 데이터이지만 간사이關西대학의 학생부가 2000년도에 실시한 '학생생활 실태 조사'에서는 휴대전화 소지율이 95퍼센트, 이메일 이용률이 77퍼센트, 컴퓨터 소지율이 79퍼센트, 인터넷 이용률이 68퍼센트였다. 덧붙여 다이토분카大東文化대학의 학생부가 실시한 2003년도 '학생생활 앙케트'에서는 휴대전화 소지율이 93퍼센트로 간사이대학의 조사 결과와 별반 다르지 않았다. 그러나 휴대전화의 이메일 교환은 91퍼센트에 달하고, 최근에는 친구들 연락에도 이메일을 점점 더 많이 이용하는 것을 볼 수 있다.

나는 2001년 4월부터 9월까지 간사이대학에서 해외조사의 기회를 얻어 뉴욕시에 체재했다. 휴대전화의 역사는 미국이 오래되었지만, 2001년 당시 보급률은 미국보다 일본이 높았고 지금도 더 높다. 그런데도 일본에 비해 인상 깊었던 점은 지하철, 길거리, 대학에서 휴대전화를 사용하는 사람이 적었고, 사용하더라도 화려하지 않은 검고 수수한 디자인을 선호한다는 점이다. 특히 대학 구내에서 휴대전화를 사용하는 학생의 모습은 거의 볼 수 없었다. 현지 사람들에게 이유를 물어보니 '일시적인 붐이 가라앉았다', '학생들은 강의와 숙제 때문에 바쁘다', '이메일은 컴퓨터를 사용해서 보낸다', '학생에게 휴대전화 통신비는 부담스럽다' 같은 대답을 들려주었다.

또한 학생에게만 국한되지 않지만, 인터넷도 그렇고 이메일도 그렇고 미국은 휴대전화보다는 컴퓨터를 이용하는 사람이 많다는 것이 커다란 차이다. 2005년판《정보통신백서》에 의하면 휴대전화 이용자의 인터넷 이용률은 일본이 79퍼센트인 데 반해 미국은 32퍼센트에 머무른다. 이 숫자의 근거를 제공한 〈네트워크와 국민생활에 관한 조사〉(2005년 3월)를 통해 일본과 미국의 이메일 이용률을 보면, 일본은 컴퓨터가 94퍼센트, 휴대전화가 88퍼센트로 별 차이가 없지만 미국은 컴퓨터가 96퍼센트, 휴대전화가 12퍼센트로 크게 차이 난다.

일본의 대학생은 세 끼 식사보다 휴대전화와 이메일을 좋아하는 것처럼 보일 만큼 '언제나, 어디서나' 휴대전화를, 그것도 카메라 기능이 있는 기기를 애용한다. 내가 학생들에게 휴대전화를 집에 두고 가져오지 않았다면 어떤 기분이겠느냐고 물었더니 어떤 학생은 '우울하다'고 대답했고, 다른 학생은 '차라리 돈이 없는 편이 낫다'고 대답했다.

내가 강의실에서 조사한 바로 대학생은 휴대전화와 PHS personal handyphone system 이용을 위해 매달 약 3,000엔에서 3만 엔을 지급한다. 비디오 리서치사의 2002년 조사에 따르면 세대별로 휴대전화와 PHS 이용요금이 가장 많은 세대는 20대이고, 금액은 한 달에 약 9,500엔이다. 5,000엔에서 1만 5,000엔 사이에 65퍼센트가 집중되어 있다.

이제 컴퓨터, 휴대전화, 이메일은 사람들의 생활과 비즈니스를 무척 편리하게 해주는 필수품이 되었다. 학생도 컴퓨터, 휴대전화, 이메일 없이는 취직 준비를 할 수 없다. 그러나 어릴 적부터 게임 감각으로 이들 정보도구에 길들여지다시피 한 학생들도 일단 취직 준비가 시작되면 편리하다고만 말할 수 없는 상황에 부딪쳐야 한다.

학생의 취직 준비는 최근 들어 엔트리(Entry, 자료 청구)도 엔트리시트(Entry Sheet, 자기PR시트)도 인터넷으로 제출하는 일이 많아졌다. 기업의 면접 연락이나 내정 통지도 거의 먼저 휴대전화로 받는다.

《친구가 모두 나보다 잘나 보이는 날은友がみな我よりえらく見える日は》 같은 작품을 쓴 칼럼니스트 우에하라 다카시上原隆가 취직 준비 중인 학생에게서 들은 이야기를 겐토샤幻冬舎 사이트 매거진에 장편소설掌篇小説* 풍으로 쓰고 있다. 소개하자면 최근에는 대학교 3학년생을 대상으로 11월부터 설명회를 여는 회사가 나오기 시작했고, 2월에 절정에 달한다. 4월이 되면 내정 통지를 받은 학생이 하나둘 늘어난다고 한다. 어느 4학년 학생은 6월까지 42군데 회사 설명회에 참가해 25개사에 입사 서류를 냈지만, 아직 어디에서도 내정 통지가 오지 않았다.

내정 통지는 휴대전화로 걸려오거나 컴퓨터 이메일로 온다. 통지 당일에는 1시간마다 컴퓨터로 이메일을 체크하고 외출할 때는 휴대전화를 갖고 전파가 닿지 않는 곳에는 가지 않는다. 그리고 저녁 6시쯤 되면 '아, 또 글렀구나. 아아, 결국 연락이 안 왔어!' 하고 우울한 기분이 든다고 한다.

---

* 단편소설보다 짧은 소설. 콩트.

이런 일이 있고 나서 3월에 이 학생은 급성 위염에 걸렸고, 5월에는 우울 상태에 빠졌다. 여간해서 내정 통지가 오지 않는 취직 준비생의 스트레스 때문이다. 그런데 취직 준비 단계에서 지망 기업에 어떠한 형태로든(주로 정보도구를 통해) '접속' 상태를 유지하는 일은 취직 활동의 스트레스 증가와 무관하지 않다고는 단언할 수 없다.

정보도구로 인해 가정도 직장도 일터가 되었다

기업사회에 한 발을 들여놓으면 그곳에는 태평스레 휴대전화와 이메일을 좋아한다고만 말할 수 없는 세계가 기다리고 있다.

앞에서도 언급한 프레이저의 《화이트칼라의 위기》는 로널드 도어의 《일한다는 것》에도 소개되었듯, 마케팅 담당 여성 관리자 제마가 뉴욕시 중심가에 있는 그랜드센트럴 역에서 오후 5시 29분 출발 전차에 올라 교외에 있는 스카스데일의 집에 돌아가는 장면으로 시작한다.

그녀는 5시에 사무실을 나온다. 그러나 그것은 5시 이후after five를 즐기기enjoy 위해서가 아니다. 집에 아이들이 있기 때문에 어쩔 수 없이 5시에 퇴근하는 것이다. 하지만 사무실을 나와도 업무는 끝나지 않는다. 전차에 타고 있는 동안에도 그녀는 사무실에 전화를 걸어, 자신을 찾는 연락이 없었는지 확인하고 다시 차례로 전화를 건다. 집에 돌아와 저녁식사를 마친 뒤에도 아이들이 숙제하거나 텔레비전

죽도록 일하는 사회

을 보는 사이에 음성 메모를 확인하고, 답변하는 전화를 다수 건다. 종종 업무와 관련된 팩스도 처리해야 한다. 투자은행에 근무하는 그녀의 남편도 컴퓨터 앞에 앉아 잠들기 전까지 몇 시간이나 집으로 들고 온 업무를 본다.

프레이저는 이 이야기를 제마에게 들은 지 3년 뒤에—책으로 말하면 마지막 장에서—또다시 그녀와 인터뷰를 했다. 2, 3년 전까지는 샌드위치를 사와 회의실에서 동료와 함께 먹을 시간이 있었지만, 지금은 그럴 여유도 없어 자기 책상에서 먹으면서 전화를 받는다고 한다. 전화가 걸려오지 않는 시간은 아주 잠깐뿐이다. 전차가 그랜드센트럴 역을 나와 지하를 빠져나오기까지, 휴대전화를 사용하고 싶어도 사용할 수 없는 구간을 지나는 동안이다.

《화이트칼라의 위기》제4장은 정보통신의 신기술이 노동방식에 초래한 충격을 고찰하고 있다. 사무실에서도 집에서도 사용할 수 있는 인터넷이 연결된 컴퓨터, 노트북, 전자메일, 휴대전화, 삐삐(포켓볼), 전자수첩 등의 정보도구가 창출한 것은 비즈니스의 '24시간· 주 7일제twenty-four seven'이다. 이러한 정보도구가 없다면 사원은 회사의 기대에 부응할 수 없다.

프레이저가 이 책을 쓸 무렵인 1990년대 후반에는 700만 명으로 추정되는 미국인이 사무실 밖에서 업무 관련 이메일을 정기적으로 체크하기에 이르렀다. 인터넷 프로바이더 최대 기업인 아메리카 온라인사는 공휴일을 전후한 사흘 연속휴가 때만은 '이메일 프리'를 지시해 이메일을 확인하지 않아도 된다고 공지한다. 이는 곧 그 밖의 주말에는 업무 관련 이메일을 처리하는 것이 보통이고, 사원은 당연히 그것을 확인해야 한다는 것을 말해준다.

'낭만적인 밤도 망가짐'

《닛케이컴퓨터日経コンピュータ》가 '가정도 일터도 정보망 속, 일벌이 되어버린 미국인'이라는 제목으로 미국의 IT 전문지 〈인포메이션 위크Infomation week〉의 조사 리포트를 소개한 것은 1994년 11월이다. 이 보고서에서는 휴대정보 기기를 사용한다는 회답자 중 90퍼센트가 '노동시간이 늘어났다', 66퍼센트가 '친구나 가족과 지내는 시간이 줄었다', 84퍼센트가 '소정의 노동시간 이외에도 일한다'고 답했다. "삐삐, 휴대전화, 모뎀에 의해 업무에 얽매인 사람들 대다수는 주 60시간이나 일하는 셈"이라고 전한 이 보고서에는 '시간 단축의 도구가 기대를 저버렸다', '이제 더 이상 정시에 귀가할 수 없다', '낭만적인 밤도 망가졌다'는 소제목이 줄을 잇는다. 이 보고서가 쓰인 시점에서 벌써 10년이 지났다. 이제는 일본에서도 이런 사태는 남의 일이 아니다.

일본의 사정으로 돌아오면 ITmedia사의 사이트에 '메일 지옥?'이라는 제목으로 2002년 3월 28일 자 기사가 실려 있다. 그 기사에 따르면 시장조사 회사인 가토나 재팬ガートナージャパン이 조사하기로, 평

균적인 회사원이 하루에 수신하는 메일의 수는 61.5통에 이른다고 한다. 이메일 자체를 처리하는 데 할당하는 시간은 1.7시간이지만 파일을 열고 애플리케이션을 조작하는 등의 작업을 포함하면 4.2시간이 걸린다. 컴퓨터 앞에 앉아 있는 전체 시간(6.8시간)의 약 60퍼센트가 메일 관련 작업이라는 뜻이다. 또한 같은 조사에 의하면 회답자 중 76퍼센트가 귀가 후, 80퍼센트가 휴일 자택에서, 11퍼센트가 출퇴근 도중에 메일을 처리하고 있었다.

인터넷컴사가 인포플랜트사의 협력으로 업무상 전자메일, 휴대전화 등을 사용하는 전국의 인터넷 사용자 300명을 대상으로 2003년에 조사한 바에 따르면, 46퍼센트(139명)가 설날, 추석, 기타 휴가 중에도 메일을 확인(47명)하거나 휴대전화를 가지고 다녔다(92명).

닛케이BP사의 비즈니스 정보 사이트 《휴대전화ケータイ On Business》 편집부가 2004년 4월에 이 회사의 IT 종합 사이트 등록 독자를 중심으로 실시한 설문조사에서는 업무에 휴대전화를 사용하는 사람은 전체 회답자 3,389명 중 78퍼센트를 점했다. 그 가운데 사내 연락 등 업무에 휴대전화 메일을 사용하는 사람이 55퍼센트, 또 근무처의 단말기가 아니라 개인 단말기를 업무에 사용하는 사람이 61퍼센트에 달했다.

일본 화이트칼라 정사원과 관리직에 대한 조사에서 2002년 5월 연합총연連合總研이 실시한 〈IT 업무와 직장 조직에 미치는 영향에 관한 조사〉(2003년 5월 발표)가 이목을 끈다. 이 조사는 연합이 노동조합원 2,025명과 다이아몬드사의 데이터뱅크에서 무작위로 추출한 관리직 2,000명을 합한 4,025명을 대상으로 삼아 1,543매의 회답을 얻었다(유효 회수율 38퍼센트). 이 조사 결과는 직장 내 컴퓨터 사용률이 회답자 중 99.4퍼센트(네트워크 접속 컴퓨터는 96.8퍼센트)에 달해 거의 전원이 사용한다는 것을 보여준다. 전체의 87.9퍼센트, 거의 90퍼센트가 '자신의 전용 컴퓨터'를 사용하고 있다.

또한 이 조사 결과에 따르면 IT화가 앞서 나간 기업일수록 '업무 범위(직무 영역)'가 확장되고, 그 때문에 '업무량'이 늘어날 뿐 아니라 '업무 속도'도 빨라진다. 자택에서도 업무 관련 메일을 읽고 쓰는 사람은 노동시간이 길어진다.

이들 조사는 결국 미국과 마찬가지로 일본도 인터넷, 휴대전화, 이메일 없이는 업무를 볼 수 없는 시대가 되었고, 가정과 일터 모두 직장이 되었음을 말해준다.

최근에는 과중 노동과 업무 스트레스에서 기인하는 과로 자살이 늘고 있는데, 이것도 가정과 일터가 다 직장이 된 상황과 무관하지 않다. 이 문장을 쓰는 지금, NHK의 프로그램 〈클로즈업 현대+クローズアップ現代+〉가 최근 5년 이내 과로사·과로 자살한 유족 67명의 설문조사 회답을 바탕으로 추적 취재한 '급증 30대의 과로사·과로 자살'(2002년 10월 16일 방송) 편에 나온 에어컨(공기조절기) 유지 보수 작업에 혹사당해 과로사한 남성의 이야기가 뇌리에 떠오른다. 그는 휴대전화를 통한 업무 호출에 대해 상사로부터 "휴대전화가 연결되

지 않으면 벌금이야" 하는 말을 들었다고 한다.

테크노스트레스─불안증과 의존증

컴퓨터가 노동에 가한 충격을 논의한 고전적 저작 중 그냥 지나칠 수 없는 저서는 미국의 임상심리학자 크레이그 브로드 Craig Brod의 《테크노스트레스Technostress》(1984년)이다.

'IT 용어사전'이라는 사이트는 '테크노스트레스'에 대해 "컴퓨터 취급을 원인으로 일으키는 정신적인 실조 증상의 총칭으로 컴퓨터에 적응할 수 없기 때문에 생기는 테크노 불안증과 과하게 적응했기 때문에 생기는 테크노 의존증의 두 가지가 있다"고 설명한다. 그리고 부적응에 의한 '테크노 불안증'과 과잉 적응에 의한 '테크노 의존증'에 대해 각각 다음과 같이 말한다.

○ **테크노 불안증**: 컴퓨터를 다루는 것을 꺼리는 사람이 억지로 사용하는 중 스트레스를 느끼고 건강을 해치는 증상이다. 가슴 두근거림, 호흡 곤란, 어깨 결림, 어지럼증 등 자율신경의 부조화, 우울 상태를 일으킨다. 업무 때문에 갑자기 컴퓨터를 다루어야 하는 중장년 화이트칼라에게 많이 일어나는 증상이다.

○ **테크노 의존증**: 컴퓨터에 지나치게 몰두함으로써 나타나는 부조화 현

상으로 컴퓨터가 없으면 불안을 느끼거나 실제 인간관계를 번거롭다고 느끼는 증상을 말한다. 컴퓨터 애호가인 젊은 남성에게 많다.

위 설명은 브로드의 《테크노스트레스》를 참고하고 있다. 잠시 그의 이야기를 들어보자.

무엇보다도 컴퓨터가 사람의 마음을 사로잡는 특성은 믿기 어려울 만큼 빠른 속도다. 우리는 순간적으로 정확하게 업무를 해치우는 컴퓨터 덕분에 노동시간이 단축되고, 작업 자체가 편해지고, 여가가 확대되리라고 기대한다. …… 그러나 컴퓨터는 과연 개개의 작업에 걸리는 시간은 단축시킬지 모르지만, 그 때문에 전체적인 작업량은 도리어 증가한다. …… 예전에는 하루의 작업량이라고 여기던 것이 시간 단위, 나아가 분 단위의 작업이 되어 사람들의 시간관념을 철저하게 변화시키고 극도로 압축시키는 것이다.

컴퓨터가 뱉어낸 프린트아웃 더미 속에 파묻힌 병원 사무원, 키보드를 두드리는 횟수를 자동으로 계측당하는 보험 회사의 사원들에게 컴퓨터는 무엇보다도 커다란 스트레스의 원인이다. 컴퓨터를 창조적으로 이용하려는 사람들, 이를테면 라이트펜과 VDT 작업으로 건물을 설계하는 건축가, 플라이트 시뮬레이션을 실시하는 항공공학 기술자들에게조차 컴퓨터는 그들의 작업에 변화도 균형도 가져다주지 않는다.

사무직 노동자 중에서도 컴퓨터 보급의 영향에 누구보다 세차게 내몰린 것은 '핑크칼라(여성의 업무로 여겨온 직종과 직업 영역)'이다. 그녀들의 작업은 자동화가 용이한 서브루틴subroutine*으로 세분화되고 임금까지 낮아졌다.

일반 사무직 사원과 마찬가지로 경영자에게도 테크노스트레스의 최대 원인은 시간 감각의 뒤틀림이다. 컴퓨터에 의해 시간이 압축되고 가속화된 결과, 날짜, 시간, 분의 의미가 이전과는 완전히 달라졌다. …… 스케줄은 빡빡해지고, 관리직도 일반 사원도 똑같이 시간에 쫓겨 발을 동동 거린다. …… 요즘은 출장이나 휴가 차 여행을 떠난 임원도 컴퓨터에 의해 외부에서 보고서를 읽고 결정에 결재를 내릴 수 있다. 비즈니스용 노트북이 눈부시게 매상을 올리고 있는 것은 근무시간을 저녁식사 후 또는 주말까지 늘렸기 때문이다.

브로드는 '테크노스트레스'를 오로지 컴퓨터의 기술적 특성으로 설명하는 듯 보이지만, 그 배경에는 '너무 많은 업무량'과 '빡빡한 스케줄'이 있다는 것을 잊어서는 안 된다. 그런 의미에서 '테크노스트레스'는 야마자키 요시히코山崎喜比古가 지적하고 오쿠라 가즈야

---

* 처리 절차나 여러 가지 프로그램으로 공통하여 사용되는 처리 절차를 미리 따로 정의해두고 프로그램의 필요한 장소에서 공통으로 사용하도록 한 프로그램.

小倉一哉와 후지모토 다카시藤本隆史가 검증했듯이 '과중한 업무 압력job pressure과 장시간 과로 노동'에 의한 노르마스트레스*라는 것을 똑똑히 인지해야 한다.

'잔업은 당연', '휴일에도 일', '우울증 급증'의 소프트웨어 개발 현장

브로드의 《테크노스트레스》는 VDT 작업에 따르는 눈의 피로, 목·어깨·팔목의 통증 등에도 주의를 촉구한다. 이 책이 나온 20여 년 전에는 이러한 건강장애가 주로 VDT 오퍼레이터라 불리는 노동자의 문제였지만, 지금은 화이트칼라 직장에 몸담은 전체 노동자의 문제가 되었다.

연합총연이 실시한 〈IT 업무와 직장 조직에 미치는 영향에 관한 조사〉는 'IT화가 정신적 건강에 미치는 영향'을 IT 작업빈도 및 IT 작업부담과 세계보건기구WHO의 정신 건강 조사표에 근거한 GHQGeneral Health Questionnaire 득점 데이터를 통해 조사했다. 그 결과 IT 작업의 빈도가 높은 사람이나 IT 작업에 부담을 느끼는 사람일수록 정신적 건강이 좋지 않다는 것을 규명했다.

---

* 노르마는 중앙집권적 계획경제를 실시한 소련에서 노동자가 하루의 임금을 얻는 데 필요한 표준노동량 또는 책임생산량을 뜻하고, 노르마 스트레스는 작업 할당량을 채워야 한다는 부담감을 가리킨다.

후생노동성이 사무·판매 부문의 노동자 1만 4,000명(유효 회수율 71퍼센트)을 대상으로 실시한 조사(〈2003년 기술혁신과 노동에 관한 실태 조사〉, 2004년 8월 발표)에 따르면 컴퓨터 기기를 사용함으로써 정신적인 피로나 스트레스를 느끼는 비율은 일반 사원이 35퍼센트이다. 하루당 평균 VDT 작업 시간별로 보면 작업시간이 길수록 '피로를 느낀다'는 비율이 높고, 6시간 이상인 경우는 42퍼센트에 달한다.

VDT 작업으로 신체적인 피로나 증상을 느끼는 노동자의 비율은 정신적인 피로나 스트레스를 느끼는 비율보다 높아 전체의 78퍼센트에 달한다. 신체적인 피로나 증상의 내용은 '눈의 피로·통증'이 92퍼센트, '목, 어깨 결림·통증'이 70퍼센트, '허리의 피로·통증'이 27퍼센트이다.

정보통신기술의 이용 현실이 이러한 까닭에 소프트웨어 제작에 종사하는 노동자의 일도 편하지 않다. 일과 관련된 인터넷 사이트에 '프로그래머·SE' 페이지가 있다. 그곳에는 '지쳤다', '체력 승부', '잠 좀 제대로 자고 싶다', '잔업은 당연', '휴일에도 일', '디지털 노가다', '과로사 속발' 같은 단어가 즐비하다.

《닛케이 비즈니스》2005년 4월 25일호는 '품질 붕괴―자동차도, 전기도, 철도도'라는 특집을 꾸리고 있다. 특집 가운데 '피폐한 현장, 더 이상은 무리'라는 제목의 기사가 있는데, 대기업의 개발 경쟁을 뒷받침하는 하청 소프트회사의 현장에 만연한 노동실태를 날카롭게 지적한다.

이 기사가 근거로 삼는 것은 경제산업성의 〈2003년도 특정 서비스 산업 실태조사〉(2004년 11월 발표)이다. 이 조사에 따르면 '정보 서비스업'의 연간 판매액은 14조 2,000억 엔, 종업원 수는 56만 7,000명이다. 사업장 수는 7,400개소인데, 50명 미만의 사업장이 전체의 60퍼센트를 점하는 한편, 500명이 넘는 사업장은 2.5퍼센트에 불과하다고 한다. 앞서 나온 기사는 이것을 '한 줌 대기업 소프트회사에 무수한 하청 소프트회사가 매달려 있는 밑변이 넓은 피라미드 구조'라고 설명한다.

이 피라미드의 저변에서 소프트웨어 개발에 종사하는 노동자는 '업무는 늘어나도 인원은 늘지 않고, 넘치는 업무는 심야 잔업이나 휴일 근무로 충당할 수밖에 없는' 방식으로 노동하고(노동당하고) 있다. 이 특집 기사를 쓴 기자의 취재에 따르면 소프트웨어 개발 현장에는 '우울증 환자가 급증'하고 있다고 한다. 촉발 원인은 장시간 잔업이다. 도쿄 시내의 종업원 50명 규모 회사에서 일하는 베테랑 프로그래머인 혼다本田 씨(가명, 46세)는 월 50시간의 잔업은 당연하고 납기가 다가오면 100시간을 넘긴다고 한다.

그가 다니는 회사는 휴대전화 등에 사용하는 내장 소프트웨어를 개발하고 있다. 휴대전화 단말기는 경쟁이 치열하고 매년 수많은 신기종이 나온다. 그때마다 새로운 기능을 추가해 소프트웨어는 복잡해진다. 발매 직전에 사양*을 변경하는 일도 심심치 않게 있어 "납기가 가까워질 때마다 하층 회사는 휴일 출근·연속 철야를 강행한다."
인건비가 일본보다 훨씬 낮은 중국이나 인도의 회사와도 경쟁해야
한다. 이것이 일본 정보서비스 산업의 최전선이다.

---

* 만드는 물품에 관해 요구되는 특정 형상·구조·치수·성분·정밀·성능·제조법·시험 방법 등의 규정.

제3장

소비가 바꾸는 고용과 노동

소비자본주의의 덫

소비자본주의의 탄생

경제학의 통설에 의하면 노동자는 고용주가 제공하는 임금률(시급)에 대응해 노동시간을 자유롭게 선택할 수 있다고 되어 있다. 노동자는 임금률이 낮을 때는 소득을 늘리기 위해 여가를 희생해 노동시간을 늘리겠지만, 임금률이 충분히 높을 때는 노동시간을 줄여 더 많은 여가를 즐기려고 한다는 말이다.

만약 이 생각이 옳다면 일반적으로 자본주의가 발전하고 일국의 노동자 평균임금이 상승하면 노동시간은 점차 짧아질 것이다. 또 일국의 한 시대를 잘라보면 일반적 경향으로는 저소득 계층의 노동자가 고소득 계층의 노동자보다 노동시간이 길 것이다.

그러나 현실은 그렇지 않다. 일본은 전후 오랜 기간에 걸쳐 지속적으로 경제 발전을 이루어 1인당 국민소득이 세계에서 가장 높은

나라 중 하나가 되었다. 그렇지만 여가 또는 자유시간을 보면 오늘날
에도 선진국 중 가장 빈약한 수준에 머무르고 있다.

미국의 노동시간은 1980년대 초까지는 대개 완만하게 감소했는
데, 그 후 경제적인 정체나 쇠퇴가 진행되는 가운데 증가로 돌아섰
다. 그뿐만 아니라 1990년대에는 정체를 벗어나 이례적인 번영을
지속했음에도 노동시간은 더욱 증가했다.

소득이나 직업별로 보더라도 임금률이 높을수록 노동시간을 줄
이고 여가를 즐긴다는 주장은 현실과 일치하지 않는다. 총무성의
〈노동력 조사〉에 의한 2004년 일본의 연간 노동시간을 보면, 상용근
로자 가운데 '임원'은 2,408시간, '일반 노동자'는 2,304시간이었다.
아까 나온 생각과 반대로 임원이 일반 노동자보다 100시간 남짓 더
오래 일한다. 제1장에서도 살펴보았듯이, 오늘날 미국에서 직업별로
볼 때는 관리적·전문적·기술적 직업종사자, 학력별로 볼 때는 대학
졸업자, 인종별로 볼 때는 백인―종합적으로 보면 중류계급 상층의
화이트칼라―의 과노동이 두드러진다. 한마디로 일본과 미국 둘 다
비교적 고소득 계층이 저소득 계층보다 노동시간이 더 긴 것이 현실
이다.

그렇다면 어째서 이런 일이 벌어졌을까? 경제사회학에서 이 문제
를 다루어 귀중한 시사점을 제시한 사람은 줄리엣 B. 쇼어이다.

쇼어는《지나치게 일하는 미국인》에서 미국의 장시간 노동실태와
원인을 밝히고, 1930년대 이후 오랫동안 잊혔던 노동시간 논의에

불을 지폈다. 쇼어에 따르면 미국인이 오랜 시간 일하게 된 배경에는 '과노동과 낭비의 악순환'이라 할 '워크 앤드 스펜드 사이클work and spend cycle'이 놓여 있다.

쇼어가 노동에 대응하는 소비의 측면에서 이 사이클을 논의하기 위해 집필한 책이 《낭비하는 미국인》(1998년)이다. 미국 사회에 출현한 '새로운 소비주의'를 주제로 다룬 이 책에서 그녀는 현대를 '소비사회' 또는 '소비자본주의'라고 파악하고, 그 원동력이 현대 소비의 경쟁적 성격에 있다고 보았다.

그녀가 주장하듯 자본주의 발전에 따른 근로대중의 소득 수준이 어느 정도 향상하고 중류계급을 중심으로 대중 구매력이 형성되면, 소비를 자기 목적으로 삼는 낭비적인 라이프스타일이 대중적 현상으로 부상함으로써 소비자본주의가 탄생한다. 이러한 의미에서의 소비자본주의는 미국이 1920년대, 일본이 1960년대에 나타났다.

소비 경쟁과 '워크 앤드 스펜드 사이클'

쇼어가 설명하는 바에 따르면 사람들은 소비에 임할 때 타인과 비교하고 타인과 경쟁하며 타인에게 과시한다. 소비의 이러한 측면에 대해서는 부자의 '보여주기식 소비(현시적 소비)'를 논한 소스타인 베블런Thorstein Veblen의 《유한계급론》,* 〈존스 일가(이웃)와 경쟁하기〉라는 논의를 전개한 제임스 듀젠베리James Duesenberry의 《소득·저축·소비자 행동의 이론》(1949년)도 다룬 바 있다. 그러나 오늘날에는 베블런 시대보다 점점 더 많은 사람들이 소비 경쟁에 뛰어들 뿐 아니라, 듀젠베리 시대와도 달리 사람들은 단지 이웃과 경쟁하는 데 머무르지 않는다.

오늘날 사회적 접촉과 경쟁이 벌어지는 곳은 좁은 이웃 동네에서 직장 사회로, 또 건강과 미용과 취미를 위한 상업 시설로까지 넓어지고 있다. 특히 다수의 여성이 노동시장으로 들어오면서 지역사회 바깥에서 소비 경쟁에 참가하는 사람이 늘어나, 이러한 경쟁을 촉발하는 기회가 많아졌다. 그러자 소비는 이전보다 한층 더 타인을 모방하거나 타인과 경쟁한다는 점에서 일종의 커뮤니케이션 수단이자, 또한 브랜드 지향에서 보듯 자신의 정체성이나 사회적 지위를 표현하기 위한 수단이 되었다.

그다지 임금이 높지 않은 노동자가 500만 엔이 넘는 고급 자동차를 타고 다닌다면, 그것은 대체로 실용보다는 허영을 부리는 행위이다. 수십만 엔이나 나가는 롤렉스 시계를 차는 이유는 단지 시계를 보려는 것이 아니라 보여주기 위함이다.

남녀를 불문하고 경제적으로 다소 여유가 있는 사람들은 자신의 소지품뿐만 아니라 어느 레스토랑에서 식사를 할까, 어디에서 휴가

---

* Thorstein Veblen, The Theory of the Leisure Class, Macmillan, 1899, 한국어판은 김성균 옮김, 우물이있는집, 2012.

죽도록 일하는 사회

를 보낼까, 아이를 어느 학교에 보낼까를 두고 경쟁한다. 현대 소비의 이러한 성격은 광고업과 매스컴에 의해 강화된다. 사람들은 텔레비전에 나오는 드라마 속 생활이나 탤런트의 모습을 보고 가능하면 자기도 그렇게 되고 싶다고 생각한다.

미국에서는 기혼 여성의 전일제 취업률이 높은 데다 비슷한 학력과 임금 수준을 지닌 사람들끼리 결혼하는 경향이 있기 때문에 부부둘 다 고임금인 더블인컴double income 세대가 늘어나고 있다. 맞벌이하는 가정이 많아지면서 한쪽만 일하거나 편부모인 세대는 고급 레스토랑에서의 외식, 해외여행, 아이의 진학 경쟁에 돈을 쏟아부을 여유가 있는 잘사는 이웃과 원하지 않는 경쟁에 뛰어들게 되었다.

이러한 소비 환경에서 사람들은 소박한 생활을 영위하기보다는 갖고 싶은 것을 될수록 많이 손에 넣으려고 한다. 그들은 일이 고되더라도, 노동시간이 길더라도, 잔업과 몇 가지 일을 겹치기로 하더라도, 가능하면 많은 수입을 얻으려고 한다. 그런데도 갖고 싶은 것을 갖는 데 충분한 소득을 얻을 수 없다면, 장래의 소득을 예상해 대출을 받거나 카드로 지급할 수도 있다. 저축이 있다면 그것을 인출해 지급할 수도 있다. 그러나 결국 빌린 돈을 변제하고 부족한 저축을 메꾸기 위해서도 예전보다 더 많이 일해야 하는 상태에 빠진다.

미국에서나 일본에서나 개인파산은 많은 카드빚을 지고 다중 채무로 인해 파산에 내몰리는 카드 파탄인 경우가 많다. 최고재판소의 발표에 의하면 2003년 개인파산의 신청 건수가 과거 최악을 기록해

24만 2,377건이었다. 이들은 대부분 카드빚·제2금융업자 등의 고금리 대출에 대해 변제 불가능 상태에 빠진 사람들이라고 한다.

소비주의는 낭비적이고 환경에도 유해

1990년대에 미국이 활발한 개인 소비에 힘입어 공전의 번영을 자랑한 것과는 대조적으로, 일본은 개인 소비가 저조하고 장기 불황에 허덕였다. 그런데도 장신구, 가방, 화장품 등의 브랜드 지향은 조금도 사그라질 줄 몰랐다.

2003년《통상백서》에 따르면 프랑스의 고급 브랜드 루이 비통의 일본 법인 루이 비통 재팬은 경기 동향에 좌우되지 않고 2002년에 최대 판매액(1,357억 엔)을 기록했다. 오사카에서는 1990년대 후반부터 신사이바시心斎橋와 니시우메다西梅田를 중심으로 샤넬, 에르메스, 지아니 베르사체, 루이 비통, 막스마라, 던힐, 조르지오 아르마니, 마크 제이콥스, 까르띠에, 베네통 등 해외 브랜드와 유명 디자이너의 대규모 매장이 속속 들어섰다.

이른바 교육 투자와 같이 '투자'라고 부르는 '소비' 경쟁도 있다. 일본에서 부모들은 자식에게 컴퓨터는 언제 사주면 좋을까, 피아노를 들여놓고 레슨을 받게 하면 어떨까, 유명한 유치원이나 학교에 입학시키려면 어떻게 해야 할까를 두고 고민한다. 오늘날 '교육'은 부모들이 손에 넣으려고 경합하는 상품 중에서 주택에 버금가는 고가의

죽도록 일하는 사회

상품이다.

이러한 소비 경쟁은 본질상 도저히 벗어날 수 없는 무한궤도일 뿐이다. 그뿐 아니라 사람들은 소비를 늘릴수록 더욱더 불만이 커지고 결핍을 느낀다. 소비가 늘어남에 따라 욕구 범위는 확대되고 욕구 대상은 고도화된다. 이렇게 새로 형성되는 소비 기준에 비추면 실제 실현되는 욕망은 점점 더 작아 보이게 마련이다. 이리하여 사람들은 욕구를 채우기 위해 점점 더 힘들게 일하도록 내몰린다.

허영이나 보여주기식이 아니라 생활의 필요를 채운다는 관점에서 보면, 소비 경쟁은 필요하지 않은 것까지 높은 가격을 주고 구입한다는 점에서 낭비적인 성격을 띤다. 소비란 욕구 충족을 위한 화폐 지출에 다름 아니기 때문에 낭비적인 소비 경쟁은 조금이라도 많은 화폐 수입을 얻기 위한 과노동을 불가피하게 부추긴다. 돈을 버는 대로 쓰면서 소비의 꽁무니를 쫓아가다 보면 과노동으로 기울어진다. 이것이 쇼어가 말하는 '워크 앤드 스펜드 사이클'이다.

소비의 꽁무니를 쫓음으로써 일어나는 과노동은 개인 단위로 보든 부부 단위로 보든 사람들의 노동시간을 길게 늘리고 자유시간을 빼앗는다. 그 결과 온전한 가정생활을 훼손할 뿐 아니라 학부모 활동이나 마을공동체 활동 등 지역의 공동업무에 참여하는 것을 방해하고, 나아가 지역사회를 위태롭게 한다.

현대 소비주의는 환경에도 유해하다. 소비는 폐기를 동반한다. 사람들이 대량으로 물건을 살수록 물건은 대량으로 버려진다. 여러분의 집 안에도 아직 쓸 수 있는데 쓰지 않고 방치한 중고 워드프로세서, 컴퓨터, 게임기 등이 몇 대쯤은 있을 것이다.

소비주의의 유혹은 저소득층과도 무관하지 않지만, 현실적으로 돈이 없으면 소비 경쟁에 참가하는 것을 포기해야 한다. 그 결과 갖고 싶은 물건을 손에 넣을 수 없다는 무력감, 권태감, 절망감 등이 생기고, 이런 감정이 각종 개인적인 불행과 사회적 범죄를 불러일으키기도 한다. 미국은 '중산계급 상층upper middle'의 나라인 동시에 '근로빈민working poor'의 나라다. 시급이 지나치게 낮아서 장시간 노동으로도 최저 생활자금을 모으지 못하는 사람들이 수천만 명이나 있다는 것을 잊어서는 안 된다(데이비드 K. 쉬플러,《워킹 푸어. 빈곤의 경계에서 말하다》,* 2004년).

일본에서는 파트타임·아르바이트의 시급 노동자라도 주 40시간 이상 일하는 사람들이 적지 않다. 〈노동력 조사〉의 2004년 평균 데이터에 따르면 연간 수입 100만 엔 이상~300만 엔 미만의 소득계층 가운데 주 40시간 이상 일하는 고용자가 1,094만 명(전체 고용자의 22퍼센트)이나 있다. 이를테면 시급 850엔의 파트타임·아르바이트 노동자가 연수 200만 엔의 임금을 받으려고 하면, 연중무휴로 일한다고 해도 주 45시간, 연간 2,300시간 남짓 일해야 한다. 그 또는

---

* David K. Shipler, Working Poor: Invisible in America, Alfred A. Knopf, 2004, 한국어판은 나일 등 옮김, 후마니타스, 2009.

죽도록 일하는 사회

그녀만의 소득으로 생계를 꾸리는 경우에는 앞서 말한 소비 경쟁에 뛰어들 여유가 거의 없다.

'훌륭한 거래의 시대'

소비자본주의는 이제까지 살펴본 것처럼 노동시간을 길게 늘릴 뿐 아니라, 고용을 불안정하게 하는 경향이 있다. 이 점에 관해 흥미롭게 논의를 전개한 저서는 로버트 라이시Robert B.Reich의 《승자의 대가: 뉴이코노미의 심연과 미래The Future of Success:Working and Living in the New Economy》(2001년)이다.

라이시는 클린턴 정권 당시 노동부 장관을 지냈을 때, 가족과 보내는 시간도 없고 자기 자신을 돌아볼 시간도 없을 만큼 일에 몰두했다. 어느 날 저녁 둘째아들에게 전화를 걸어 오늘도 늦게 들어가니 내일 아침에 만나자고 말했다. 그러자 아무리 늦게 들어와도 좋으니까 꼭 깨우라는 대답이 돌아왔다고 한다. 그런 일이 있고 나서 라이시는 노동부 장관을 사임하고, 개인적인 경험을 바탕으로 '우리가 수입을 위해 일하는 것이 우리를 풍요롭게 해준다면, 어째서 우리의 개인적인 생활은 빈약해질까?'에 대해 생각하기 시작했다. 그 생각을 글로 적은 것이 《승자의 대가》다. 이 책의 핵심은 다음 대목에 응축되어 있다.

구매자인 우리에게 더욱 좋은 제품과 서비스를 얻는 선택이 간단해질수록, 판매자인 우리는 소비자를 붙들어 매고, 고객을 유지하고, 기회를 포착하고, 계약을 맺기 위해 점점 더 격렬하게 싸워야 한다. 그 결과 우리 생활은 점점 더 광란 상태에 빠져든다.

여기에서 '구매자인 우리'라고 일컫는 사람들도, '판매자인 우리'라고 일컫는 사람들도 대다수는 임금을 받아 소비재를 사는 노동자일 것이다. 라이시에 따르면 소비자이기도 하고 노동자이기도 한 우리를 광란 상태에 빠뜨리고 있는 현대는 '훌륭한 거래의 시대'다. 이 시대는 인터넷, 위성통신, 광섬유 등 정보통신기술에 의해 경제활동이 점점 더 글로벌해지고, 종래의 물건 중심 경제가 서비스 중심 경제로 이행함으로써 열렸다.

이렇게 출현한 '뉴이코노미(처음에는 '경기 순환이 소멸하고 성장이 지속하는 경제'를 의미했지만, 지금은 '인터넷 시대의 경제'를 의미한다)'의 원동력은 역시 기술이다. 통신, 운송, 정보 프로세스 분야의 기술은 눈이 핑핑 돌아갈 속도로 질주하고, 판매자 사이에 격심한 경쟁을 불러일으킨다. 모든 기업과 모든 조직은 비용 절감과 부가가치의 창조, 신제품 개발을 위해, 또한 더욱 좋고, 더욱 빠르고, 나아가 더욱 값싼 제품과 서비스 생산을 위해, 그리고 결국은 살아남기 위해 끊임없이 개혁을 단행해야 한다. 그 결과 오늘날 소비자는 세계 어느 곳에 있더라도, 어떤 곳으로부터도 품질과 가격이 바람직한 상품을 신속하게 구입할 수 있다.

일은 힘들고, 고용은 불안정하고

뉴이코노미는 사람들의 노동과 생활을 크게 변화시켰다. 라이시에 따르면 기존의 경제는 '예상 가능한 임금 상승을 동반한 안정 고용', '한정된 노동강도', 그리고 '임금 격차의 축소와 중산계급의 확대'라는 특징을 띠었다. 그러나 오늘날에는 사태가 대단히 달라졌다. 극소수 사람들을 제외하면 안정적인 일거리는 사라져 버렸다. 하루 8시간, 주 40시간 노동은 과거지사가 되었고, '주 7일×24시간' 체제로 대체되었다. 결코 잠드는 법이 없는 글로벌 시장은 비즈니스의 24시간화를 요청한다. 따라서 자연스럽게 노동시간은 길어지고 업무는 더욱 힘들어진다.

뉴이코노미는 사람들을 장시간 노동으로 내모는 원인으로 가득 차 있다. 라이시에 따르면 뉴이코노미는 눈부신 속도의 기술혁신 아래 불안정성과 심한 경쟁을 전제로 삼는다. 속도는 소비자를 잡아끄는 핵심 요인이 된다. 사람들은 고객을 유치하기 위해서도, 속도를 따라가기 위해서도, 비용을 낮추기 위해서도, 더욱 긴 시간 동안 더욱더 힘들게 일해야 하고, 나아가 파트타임과 파견 등 더욱 불안정한 신분의 노동 시스템으로 내몰린다. 더욱 좋은 것을 더욱 빠르게, 더욱 싸게 손에 넣기 위한 소비자 경쟁도 동일한 이유로 노동의 장시간화와 고용의 불안정화를 불러온다.

부익부 빈익빈이 심해지고 주택, 지역, 학교 등 생활환경의 좋고 나쁜 차이가 부유층과 빈곤층 사이에 점점 더 분화되며 인생에서 돈의 가치가 차지하는 비중이 이전보다 훨씬 커진다. 이로써 돈을 벌어야 한다는 강박관념이 강해지고 장시간 노동에 박차를 가한다. 금전적인 풍요로움을 얻으려면 더욱 많이 벌어야 하고, 더욱 많은 돈을 벌려면 더욱 오래 일해야 하기 때문이다.

라이시는 뉴이코노미가 불안정한 고용을 부추기거나 오랜 노동시간을 강요하고 빈부의 차를 확대함으로써 가족의 붕괴와 공동체의 분해를 초래한다는 점을 문제로 제기한다. 또한 그런 환경에서 사람들이 성실한 삶을 영위하기는 어렵다는 점을 우려한다. 그는 뉴이코노미가 불러일으키는 불공정성을 완화하고 사람들의 삶을 지키기 위해서 채용해야 할 각종 개선책을 제시하기도 한다.

긴 노동시간이 가정생활의 위기를 낳는다는 문제의식 아래, 라이시는 종업원이 가족에 대한 책임을 다할 수 있도록 기업이 노동시간을 탄력적으로 운용하고, 어린아이나 노인 가족을 돌볼 수 있도록 유급휴가를 줄 것을 요구한다. 또 유급노동 때문에 노동자가 부담해야 하는 육아와 돌봄 비용을 '필요경비'로 보고 소득세를 공제해주는 제도를 도입할 것도 주장한다.

이런 점에 주목하면 라이시는 노동시간의 제한과 단축이 필요하다고 내세우는 것처럼 보일지도 모른다. 그러나 그는 규제완화 시대의 노동부 장관으로 역임한 경험에 걸맞게 노동시간에 대해서도 근본적으로 규제완화론 입장에 서 있고, 법률에 의한 노동시간 제한과 단축에는 신중하다 못해 소극적이기까지 하다. '훌륭한 거래의 시대'가 제공하는 더욱 편하고, 더욱 빠르고, 더욱 값싼 제품과 서비스를 이제는 포기할 수 없다고 생각하기 때문이다. 또한 사람들이 여유로운 생활을 누리기 위해 더욱 길게 노동하고 더욱 많은 돈을 버는 선택지를 배제하는 방식의 노동시간 단축은 포기해야 한다고 생각하기 때문이다.

일본에서 라이시의 주장을 이해하려면, 중국에서의 저비용low cost 생산에 의한 고품질과 저가격을 내세우는 캐주얼 의료衣料* 회사 유니클로의 경영전략이 국내 노동시간과 고용에 어떤 영향을 미치는지 생각해보면 된다. 지금 일본 기업은 앞다투듯 생산 거점을 해외, 특히 중국을 비롯한 동아시아 국가로 옮겨 대기업의 해외생산 비율이 30퍼센트를 넘어가기에 이르렀다. 중국, 태국, 멕시코처럼 임금이 낮고 노동조건이 열악한 나라에서 상품을 생산해 역수입하는 것은 소비자로서는 저가격에 그런 대로 품질 좋은 상품을 구입할 수 있다는 점에서 환영할 만하다. 하지만 노동자로서는 자신의 일자리를 앗아가고, 소비재 가격의 하락으로는 채울 수 없을 만큼 임금의 하락이나 노동시간의 연장을 초래할 우려가 크다.

---

* 옷감이나 옷을 통틀어 이르는 말.

편의점과 심야 영업

소비자는 품질이나 가격뿐 아니라 편리성을 추구함으로써 노동시간의 증대와 고용의 불안정에 조력하는 측면이 있다. 이 점에 대해서는 일본의 24시간 영업 편의점이나 전국 익일 배달의 택배를 통해 편리성을 대가로 노동생활과 소비생활에 어떤 변화가 일어났는지를 생각해볼 수 있다.

그러나 반드시 새로운 문제라고 할 수는 없다. 편의점의 심야 영업이나 택배의 익일 배달 등 소비자의 과도한 편리성 추구가 '저스트 인 타임(필요한 물건을 지정한 시간대로 납입하는 방식)'에 맞추어 과잉 서비스 경쟁을 낳고, 노동시간의 단축을 방해하는 요인이 된다는 점은 1990년대 초 국민생활심의회 보고인《개인의 생활을 중시하는 사회》(1992년)에서도 지적한 바 있다.

2004년 경제산업성의 〈상업통계조사〉에 따르면 편의점의 점포 수(사업장 수)는 약 4만 3,000개를 헤아린다. 연간 판매 총액은 약 6조 9,000억 엔, 취업자 수는 약 64만 명이다. 최근에는 오피스빌딩, 병원, 대학, 호텔 등으로 신규 진출하거나 해외 점포를 전개하고 있지만, 국내 점포의 확대 속도는 둔해지고 있다.

2004년을 기준으로 편의점의 전체 점포 중 80퍼센트는 전일 영업이다. 1991년에 20퍼센트였던 것에 비하면 변화가 적지 않다. 편의점의 전일 영업 확대는 소매업의 영업시간 규제완화 영향을 별도로 친다면, 라이프스타일의 다양화와 생활시간의 변화를 반영한다. 동

죽도록 일하는 사회

시에 이는 야간활동 인구 증대를 배경으로 한 24시간 경제활동을 서로 촉진하는 관계에 있다.

편의점의 연중무휴 야간 영업을 뒷받침하는 요인은 편의점 취업자의 약 80퍼센트를 점하는 파트타임과 아르바이트 노동이다. 편의점이라는 명칭 자체가 뜻하는 편리성은 낮부터 밤까지, 밤부터 아침까지 세밀한 교대로 일하는 다수 불안정 노동자가 있기 때문에 비로소 확보할 수 있다. 편의점뿐 아니라 슈퍼, 백화점, 패스트푸드, 외식산업, 기타 소매·음식·서비스업 등에서도 영업시간이 꽤 길어졌다. 이 역시 파트타임·아르바이트를 주력으로 하는 다수의 불안정 비정규 노동자가 있기에 가능해진 것이다.

슈퍼가 24시간 영업으로 바뀌었다고 해서 '편리해졌다'고만은 말할 수 없다. 조금만 상상력을 가동시키면 일하는 사람들이 어떤 생활을 하는지 눈에 보인다('들어가는 말'에서 보았듯이, 슈퍼에서 일하는 주부의 투서를 참조하라). 또한 다음 투서를 보더라도 편리하기만 하다고 모든 게 좋으냐는 의문이 생긴다.

수업과 과제, 자격 취득을 위한 공부와 아르바이트에 쫓기는 나는 혼자 살고 있다. 이런 생활을 하다 보면 하루가 금방 지나간다. 밤 8시, 냉장고가 텅텅 비었다. 근처에 있는 슈퍼는 문을 닫았다. 하지만 최근에는 고맙게도 심야까지 영업하는 슈퍼가 생겨서 그곳을 이용하고 있다. / 그렇지만 예전에 슈퍼에서 아르바이트를 한 적이 있는데, 밤이 되면 계산대에서는 방범 벨을 휴대했고 경비원도 증원했다. 또 편의점과 자판기는 밤새 이용할 수 있어서 편리하기는 해도, 야간의 전력 소비 등이 환경문제에는 부정적이라고 한다. 확실히 심야 영업은 반가운 서비스이지만 실제로 가게에 가보면 손님은 드물다. / 에너지를 과잉 소비하는 것은 아닐까? 범죄를 유발하지는 않을까? 물건을 사면서 이런저런 생각을 한다. 영업하는 쪽도 인건비 같은 비용 부담이 늘어날 뿐, 과연 이익을 내고는 있는 걸까?(《아사히신문》, 2004년 6월 2일, 대학생, 교토시, 20세)

택배의 편리성과 과중 노동

편의점이나 슈퍼와 나란히 편리성을 내세우는 것으로 전국 어디에서나 시간대를 지정할 수 있는 익일 택배, 근거리라면 당일 택배가 있다. 국토교통성의 조사 〈택배 등 취급 실적〉에 따르면 택배(트럭 운수)의 취급 개수는 1985년도 4억 9,300만 개에서 2003년도 28억 300만 개로 증가했다('우체국 택배'는 제외). 이와는 별개로 메일편メール便* 사업에까지 뛰어들어 2003년도의 메일편 취급 건수는 약 13억 4,500만 건에 달한다.

택배업은 노동시간이 특별히 긴 것으로 알려져 있다. 택배업의 노동시간만 통계를 낸 것은 없지만, 도로화물 운송업의 노동시간에 대

---

* 편지를 제외하고 정기간행물이나 카탈로그, 팸플릿 등을 배달해주는 민간 운송회사의 서비스.

해 후생노동성 〈매월 근로 통계조사〉를 보면 서비스 잔업을 포함하지 않은 지급 노동시간만으로 월간 184시간, 연간 2,200시간에 달한다(2003년 평균). 서비스 잔업을 포함한 실 노동시간을 총무성의 〈노동력 조사〉에서 보면 주 50시간, 연간 2,600시간에 이른다. 남성만 보면 주 53시간, 연간 2,700시간 이상이나 된다. 남성의 도로화물운송 종사자 중 택배운송 노동자가 포함된 '판매 종사자'만 보면, 주 평균 노동시간이 56시간이나 된다. 연간으로 따지면 약 2,900시간이다(2004년 평균).

연간 2,900시간이라는 수치는 2004년 전체 산업의 연간 소정 노동시간을 평균 약 1,700시간으로 볼 때, 잔업시간이 1일 5시간, 1주 25시간, 월 100시간, 연간 1,200시간을 의미한다. '들어가는 말' 첫머리에 서술했듯 후생노동성은 '월 100시간 또는 2~6개월 평균으로 월 80시간을 넘는 시간외·휴일노동'이 이루어질 경우 '뇌·심장질환의 발병과 관련성이 강한 과중 노동'으로 간주한다. 과로사의 선에 관한 이 기준에 따르면 택배업을 포함한 도로화물 운송업의 노동시간은 '평균'에 비추어볼 때 과로사의 선을 넘고 있다. 그렇다면 노동기준 옴부즈맨의 사이트에 올라와 있는 간이 상담 가운데 운수회사에 다니는 남편을 둔 아내의 다음과 같은 호소는 그도 그럴 만하다는 생각이 든다.

간략하게 남편의 근무 상태에 대해 말씀드리겠습니다. 8시 반~18시(화물 차곡차곡 싣기). 이 사이에 휴식은 트럭 안에서 총 1시간 정도. 18시~다음 날 4시(이동·화물 부리기). 이 사이에 휴식은 트럭 안에서 1시간 정도. 4시~8시 반(수면). 가끔 9시 정도까지 수면을 취할 때도 있음. 매일 이런 일정의 반복입니다. 단순히 계산해보면 1일 18시간은 계속 일합니다(집에 돌아올 때는 제외). 최근에는 잠자는 시간도 줄어 어제는 2시간쯤밖에 자지 못했습니다. 급여는 보합 제도*로 월 23만 엔 정도입니다(사회보험료 등을 뺀 수령액). 잔업 수당·심야 수당 등은 일체 없습니다.

택배업뿐 아니라 트럭 운수업의 초超장시간 과중 노동은 운전자에게 과로사나 건강장애를 일으킨다. 그뿐만이 아니다. 종종 교통사고의 원인이 되어 많은 사람의 목숨을 앗아가기도 한다. 또한 생명에는 지장이 없다 해도 택배업은 전국 익일 배달, 근교 당일 배달이라는 편리성을 추구하는 나머지, 생산 라인의 저스트 인 타임제, 편의점의 다빈도 반송과 함께 심각한 교통 정체를 야기함으로써 사람들의 생활에 예상치 못한 불편을 끼친다.

2005년 4월 25일에 발생한 JR 니시니혼西日本 다카라즈카宝塚 선 탈선사고는 사망자가 107명, 부상자는 500명이 넘은 대형 참사였다. 이 사고로 인해 JR 니시니혼이 추구한 수익 제일의 속도 경쟁과 여유시간 없는 운행시각 편성이 사회문제로 부상했다. 아울러 그것을

---

* 생산액, 판매액에서 직접 경비를 뺀 나머지를 일정한 비율로 분배하는 임금 지급제도.

긍정해온 이용자의 속도 의식과 시간 의식도 문제로 떠올랐다. 열차를 이용하는 사람들 역시 과밀하게 짜인 스케줄에 매일매일 쫓긴다. 열차가 늦어지면 출근시간에 지각할 수도 있고, 회의나 거래처 약속에 지장이 생겨 업무 평가에 흠이 생길지도 모른다. 철도회사뿐만 아니라 승객까지 여유시간이나 연착을 싫어하는 까닭은 사회 전체가 지나치게 스피드를 추구하기 때문이다. 단 1분도 늦지 않게 열차를 운행하고, 지시받은 시간대로 택배를 전달하는 서비스를 원하는 것은 안전·안심의 보장과 양립하지 않는다는 점을 똑똑히 알고 있어야 한다.

인터넷 소비의 급성장을 뒷받침하는 노동의 세계

인터넷이 주도하는 뉴이코노미는 비즈니스에 커다란 변화를 가져다주는 동시에 사람들의 소비생활과 노동생활에도 커다란 변화를 일으키고 있다.

2005년판 《정보통신백서》(총무성)에 의하면 인터넷 이용자 중 87퍼센트는 '상품 정보를 인터넷으로 수집할 때가 많아졌다'고 대답했고, 컴퓨터에 의한 인터넷 이용자 중 인터넷 쇼핑(인터넷에 의한 주문이나 예약)의 경험자는 89퍼센트에 달한다(휴대전화에 의한 인터넷 쇼핑의 경험자는 18퍼센트에 불과하다). 최근에는 구입 빈도도 대폭 증가해 컴퓨터에 의한 인터넷 쇼핑의 1인당 평균 구입 금액은 연간 9만 5,000엔에 이른다.

인터넷 쇼핑의 구입 품목 중에서 가장 높은 비율을 차지하는 것은 '서적·잡지'다(《그림 3-1》). 서적·잡지의 경우 인터넷 서점 아마존을 예로 들면 상품이 잘 구비되어 있고, 주문에서 배달까지 걸리는 시간이 놀랄 만큼 빠르다.

내 경험을 말하자면 이 책의 원고를 손질하던 어느 일요일 새벽, 요코다 마쓰오橫田增生의 잠입 르포《아마존 닷컴의 빛과 그림자アマゾン·ドット·コムの光と影》(2005년)를 아마존에서 주문했다. 그러자 '24시간 이내 발송'이라는 홍보 문구보다 더 빠르게, 다음 날 월요일 오전에 도착했다.

이 속도의 비밀은 요코다의 저서에 낱낱이 밝혀져 있다. 인터넷을

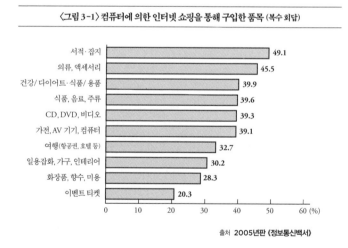

〈그림 3-1〉 컴퓨터에 의한 인터넷 쇼핑을 통해 구입한 품목 (복수 회답)

품목	비율
서적·잡지	49.1
의류, 액세서리	45.5
건강/다이어트·식품/용품	39.9
식품, 음료, 주류	39.6
CD, DVD, 비디오	39.3
가전, AV 기기, 컴퓨터	39.1
여행(항공권, 호텔 등)	32.7
일용잡화, 가구, 인테리어	30.2
화장품, 향수, 미용	28.3
이벤트 티켓	20.3

출처 2005년판 《정보통신백서》

통한 주문이 클릭 한번으로 눈 깜짝할 사이에 아마존 물류센터에 도달하는 것은 말할 것도 없다. 그러나 그다음 과정에서는 하이테크와는 대조적으로 손작업이라는 육체노동의 세계가 펼쳐진다. 아마존의 거대한 물류센터는 펠리칸편ペリカン便*의 일본통운日通**에서 받아놓은 50만 점이나 되는 책으로 가득 차 있다. 그곳에서는 언제나 아르바이트 200명(등록은 400명)이 주문받은 책을 '1분에 3권'이라는 기준에 맞추어 찾아다니는 데 여념이 없다. '웃고 떠드는 소리는 물론, 이야기하는 소리조차 들리지 않을' 만큼 숨 가쁘게 일해도 '1분에 3권'이라는 속도로 책을 찾아낼 수 있는 아르바이트는 좀처럼 찾아보기 힘들다. 아무리 숙련된 사람이라도 실제로는 '1분에 2.5권' 정도라고 한다.

여기에서 아르바이트라고 하면 고등학생이나 대학생 같은 젊은이를 떠올릴지도 모르지만, 아마존에서는 '30대에서 50대 사이의 남녀'가 대다수를 차지한다. '2개월마다 계약 갱신'으로 고용된 그들은 건강보험이나 후생연금*** 없이 그저 시급만 받는다. 그 시급마저도 요코다가 2003년 11월 아마존에서 아르바이트를 했을 때는 900엔이었지만, 2004년 1월에 들어간 아르바이트의 시급은 850엔으로 내

---

* 예전에 있던 택배사업 및 상품의 명칭으로, 2009년 3월까지는 일본통운, 같은 해 4월부터 2010년 6월까지는 JI엑스프레스JPエクスプレス가 사업을 운영했는데, 이후 우체국 택배ゆうパック로 통합되어 서비스를 종료했다.
** 1937년 설립한 일본의 우편, 화물 배송 최대 업체로서 전full 수송 서비스 체계를 갖춘 회사.
*** 주로 일본의 피고용자가 가입하는 소득비례형 공적 연금.

려갔다. 오랫동안 일해도 시급이 오르는 일은 없다. 아니, "1년을 채우는 아르바이트는 10명 중 1명도 안 된다."

한편 아마존의 고객 서비스는 철저하다. 1,500엔 이상 주문은 배송료가 무료다. 앞서 말한 요코다의 책에도 쓰여 있지만, 아마존 사이트의 최상단에 위치한 '마이 스토어'를 클릭하면 이용자 이름을 가진 스토어, 즉 내 경우라면 '모리오카 고지 씨의 스토어'가 열린다. 그리고 "당신이라면 이런 책에 관심이 있겠지요?"라고 하는 듯 '추천상품'이나 '추천 신간'이 몇 권 나온다. 이런 정보는 등록한 이메일로도 날아온다. '개인의 취미나 취향에 맞추는 개인화personalization' 서비스는 아마존이 취하는 소비자 전략 중 하나다.

고객제일 시스템이 호평을 얻으면서 아마존 재팬은 2001년부터 2004년까지 3년간 매상이 10배 이상 올랐다. 또 2000년 11월 사이트를 오픈했을 때 20만 명이었던 고객 수는 2004년 가을에 380만 명에 이르렀다고 한다.

요코다의 책에는 물류센터에서 아르바이트가 담당하는 리시빙(receiving, 중개인에게서 온 책의 수령), 스토잉(stowing, 장바구니에 책 넣기), 픽킹(picking, 주문받은 책을 책장에서 뽑음), 팩킹(packing, 책을 배송하기 위한 포장) 등의 작업이 픽킹을 중심으로 자세하게 쓰여 있는데, 그 이후의 물류에 대해서는 나오지 않는다.

내가 일요일 새벽에 아마존에서 주문해 월요일 오전에 받은 책을 발송한 곳은 치바千葉현 이치카와市川시였다. 그곳에서 내가 사는 오카사大阪부 다카쓰키高槻시까지는 족히 600킬로미터쯤 될 것이다. 택배 운전사가 쉬지 않고 평균 80킬로미터로 달렸다고 해도 7시간 이상 걸리는 거리를 어떻게 왔는지는 알 수 없는 노릇이다. 다만 분명한 것은 물류센터의 기준에 얽매인 아르바이트 노동과 함께 도로화물 운송업의 장시간 과밀 노동이 없다면, 주문한 다음 날 배달하는 이 시스템은 성립하지 않는다는 사실이다.

스피드를 파는 바이시클 메신저

택배가 파는 상품은 어떤 의미에서 '스피드'라는 이름의 서비스라고 할 수 있다. 스피드 장사를 더욱 단적으로 보여주는 것은 예전부터 있었던 오토바이 택배일 것이다. 이에 더해 최근 수년 사이에 대도시에서 급속하게 보급되기 시작한 자전거 택배 또는 사이클 특급 택배라고 불리는 '바이시클 메신저'를 언급할 수 있다. 각각의 사이트는 메신저 비즈니스에 대해 다음과 같이 설명한다.

스피드를 중시하는 현대 비즈니스. 인터넷을 비롯한 네트워크의 발달에 의해 정보는 이메일이나 팩스로 순식간에 보낼 수 있습니다. 그러나 서류를 네트워크로 보낼 수는 없지요. '지금 바로 거래처에 서류를 보내야 해! 하지만 그럴 시간이 없어……. 어, 어떡하지……!' 이런 경험, 없었는 지요? 그럴 때는 메신저 윙을 이용해주십시오. 당신의 소중한 서류를 즉

시 배달해드립니다.

주문이 들어오면 손님과 가장 가까운 곳에 있는 메신저가 급행으로 쌩!
15분 이내에 픽업 완료. 의뢰부터 도착까지 60분 안에 완료. 이것이 사이
클 특급 택배가 제공하는 퀄리티입니다. 사이클 특급 택배는 오토바이 택
배를 능가하는 하이 퀄리티를 '오토바이 택배보다 싸게' 손님에게 제공합
니다. 급한 소포라면 자전거 택배인 사이클 특급 택배에 맡겨주십시오!

워싱턴과 뉴욕에서 바이시클 메신저로 일한 경험이 있는 벤자민
스튜어드는 시간 승부인 '소포의 즉시 배달'을 요구하는 도시 비즈니
스에 '온 디맨드On-Demand' 서비스를 제공하는 이 사업의 목적을 '스
피드의 생애'라고 파악한다(C. F. 엡슈타인, A. L. 칼버그 편,《시간과 싸우
다》, 2004년).

꽉 막힌 도로나 골목을 자전거로 쉬익 빠져나가서 작은 서류 뭉치
를 도어 투 도어로 즉시 배달하는 바이시클 메신저…… 메신저 비즈
니스는 자전거를 좋아하는 사람들에게 스포츠 감각으로 일한다는
점을 어필하지만, 업무는 결코 편하지 않다. 메신저는 본인 소유의
자전거로 배송하고(달리고), 매상의 약 절반을 받는다. 어떤 사업자
사이트에는 이용요금이 1킬로미터에 1,050엔으로, 10킬로미터는
3,045엔이라고 되어 있다. 하루에 달리는 거리에 대해서는 "80~100
킬로미터 정도입니다. 바쁜 날에는 130킬로미터 이상 달릴 때도 있

습니다. 자전거 택배는 몸이 자본입니다."라고 쓰여 있다. 1년 반쯤 경험이 있는 메신저의 경우 월평균 매상이 57만 8,000엔, 평균 월수입은 그 절반인 28만 9,000엔이라고 한다. 다만 자전거를 비롯해 지정 메신저 가방, 업무 도중 부상을 대비한 보험료, 헬멧 등은 스스로 부담해야 한다.

이렇듯 스피드 비즈니스의 최첨단을 걷는 바이시클 메신저는 하이테크 시대에 자전거라는 로우테크를 노동수단으로 삼는다. 노동계약의 측면에서는 사업자가 고용자의 책임을 지지 않고 노동자에게서 이윤을 끌어낼 수 있는 개인 도급제를 취한다는 점에서 '몸이 자본'인 원시적인 비즈니스이기도 하다.

학생 아르바이트와 소비자본주의

내가 지도하는 세미나의 학생(2005년 3월 졸업)이 2년 동안 간사이대학 경제학부 학생들을 대상으로 학생 아르바이트의 실태를 조사했다. 그 일부는 2004년 4월 2일 《아사히신문》과 2005년 5월 30일 《일본경제신문》(둘 다 오사카판 석간)에 소개되었다.

2004년도에 실시한 조사에서는 유효 회답 275명 중 아르바이트를 '지속적으로 하고 있다'가 67퍼센트, '때때로 하고 있다'가 14퍼센트, '하고 있지 않다'가 19퍼센트였다.

〈표 3-1〉은 아르바이트 일수(1개월 기준), 시간, 수입, 시급을 학년

별로 제시한 것이다. 4학년생이 취직 준비활동을 거의 끝낸 11월에 실시하였기에, 어느 항목을 보더라도 4학년생의 수치가 가장 높다.

2003년도 조사에서 4학년생은 2004년도 조사의 숫자를 상회하는데, 1개월에 평균 15일, 82시간 일하고 총액 8만 6,786엔, 시급 998엔을 벌었다.

2003년도 조사에서 아르바이트 월수입의 학년별 최고액을 보면 1학년생 17만 엔(월 25일, 200시간), 3학년생 22.5만 엔(30일, 180시간, 매월 고정), 4학년생 28만 엔(28일, 310시간)이었다(2학년생은 미조사). 이들은 돌출한 예라고는 해도, 같은 세대의 정규 노동자와 비슷하거나 그 이상의 시간과 수입에 해당하는 아르바이트에 종사하는 대학생이 있음을 보여준다.

2004년도 조사에서 질문한 아르바이트의 시간대는 주간의 학업

〈표3-1〉 학생 아르바이트의 일수, 시간, 수입, 시급

	1학년생	2학년생	3학년생	4학년생
월평균 일수(일)	13	13	12	14
월평균 시간(시간)	65	68	62	74
월평균 수입(엔)	56,763	62,818	53,971	72,800
평균 시급(엔)	898	906	919	968

출처 '모리오카 고지의 홈페이지', 간사이대학 경제학부 모리오카 세미나 2004년도 조사
주 일수, 시간, 수입, 시급은 각각 개별적으로 기입된 숫자의 학년별 평균이기 때문에
평균 수입은 시간과 시급의 곱과 일치하지 않는다.

죽도록 일하는 사회

이 중심인 학생이 대상이라는 점에서 당연하다고는 해도, 저녁부터 심야에 80퍼센트가 집중되어 있다(저녁부터 밤이 70퍼센트, 심야가 10퍼센트). 그러나 10퍼센트의 학생이 이른 아침 및 대낮에 일하고 있다는 것도 무시할 수 없다.

경험한 적이 있는 아르바이트 직종은 ①음식점 점원, ②편의점·슈퍼 점원, ③가정교사·학원 강사, ④현장 작업·경비·빌딩 관리·주차장, ⑤배달·운송 보조, ⑥전단지·팸플릿·티슈 배포, ⑦대량 판매점 점원, ⑧채점·시험 감독, ⑨캠페인·이벤트 스태프, ⑩전화 응대·텔레마케터·사무·경리 순이다. 복수 회답이기는 해도 음식점이나 편의점·슈퍼가 학생 아르바이트 없이는 성립하지 않는 산업이라는 점을 반영하듯, ①과 ②의 경험자만으로도 70퍼센트를 넘는다는 점이 주목을 끈다.

아르바이트 수입의 용처에 대해 상위 세 개까지 회답을 구했더니 〈그림 3-2〉에 나타난 것처럼 ①오락비, ②음식비, ③피복비, ④예금, ⑤통신비, ⑥여행비, ⑦서적·잡지, ⑧교통비, ⑨학비, ⑩집세의 순이었다. 성별에 따른 상위 항목이 남성은 오락비, 음식비, 피복비 순인데 비해 여성은 피복비, 오락비, 음식비 순이었다. 네 번째는 남녀 모두 예금이다.

이 순위는 학생의 생활비 전체 내역을 보여주지 않는다는 점에 주의해야 한다. 예컨대 학생의 지출 중에 상당히 높은 비중을 차지한다고 여겨지는 통신비는 이 조사에서는 다섯 번째였다. 적지 않은 학생

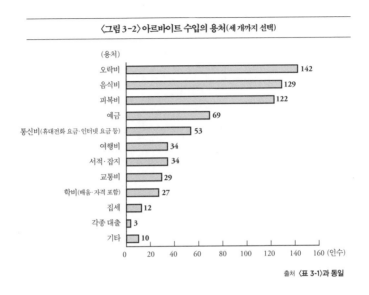

〈그림 3-2〉 아르바이트 수입의 용처(세 개까지 선택)

(용처)

용처	인수
오락비	142
음식비	129
피복비	122
예금	69
통신비(휴대전화 요금·인터넷 요금 등)	53
여행비	34
서적·잡지	34
교통비	29
학비(배움·자격 포함)	27
집세	12
각종 대출	3
기타	10

0　20　40　60　80　100　120　140　160 (인수)

출처 〈표 3-1〉과 동일

이 부모에게 통신비를 의지하기 때문일 테다. 학비(자격 취득이나 취직 대책을 위한 전문학교를 포함)는 하숙비와 함께 학생 생활비 중 최대 부분을 차지하지만, 이것도 대체로 부모가 부담하기 때문에 아르바이트 수입의 용처로는 약소한 비율밖에 되지 않는다.

요컨대 간사이대학 학생을 대상으로 한 한정적인 조사라고는 해도, 대학생의 대다수는 오늘날 장시간 아르바이트에 지속적으로 종사한다. 그리고 그것으로 얻은 수입을 오락비, 피복비, 음식비, 예금, 통신비, 여행비 등에 쓰고 있다. 여학생의 가방이 '어느새 죄다 루이비통'이었다는 것은 10년도 넘은 이야기인데, 지금은 남녀 공히 학생들은 학비, 집세, 식비의 많은 부분을 부모에게 의존하면서도 '모두들 카메라 기능이 있는 휴대전화'를 경쟁이라도 하듯 손에 쥐고 있다. 결국 그러한 소비욕구에 떠밀려 매일 아르바이트에 쫓기고 있다고 볼 수 있다. 그 결과 학생 아르바이트는 외식 산업이나 편의점 등 아르바이트 의존 산업의 '기간' 노동력 가운데 일부를 떠맡고 있다.

이미 서술했지만 미국의 맥도날드에서는 100만 명이 넘는 젊은이가 파트타임·아르바이트로 일한다. 일본에서도 60만 명을 헤아리는 편의점 종업원, 400만 명이 넘는 외식 산업 종업원 대부분은 고등학생·대학생 아르바이트와 프리타에 다름 아니다. 이들 업계에서 손님이 집중적으로 몰리는 시간대의 단시간 근무나 심야 영업을 가능하게 하는 교대 근무는 시간을 토막 내서 잇는 불안정한 고용에 의해 이루어지고 있다.

다음 장에서는 프리타의 증대가 고용과 노동에 미치는 영향에 대해 더욱 파고들어 고찰해보자.

제4장

노동의 규제완화와 양극화

프리타 자본주의의 큰 물결

신자유주의와 시장개인주의

이미 앞에서 살펴보았듯 선진국에서는 1980년대 초를 분
기점으로 기존의 완만하지만 착실하던 시간 단축의 흐름이 멈추고
다시 과노동으로 향하는 흐름이 강해졌다.

이러한 역류는 노동시간의 증대로만 향하는 것은 아니다. 최근 수
많은 기업에서 정규직의 수를 점점 줄임으로써 장시간 노동이 늘어
났을 뿐 아니라, 단시간을 토막토막 나누어 일하는 파트타임·아르
바이트 등 비정규직 노동자가 늘어났다. 더불어 노동분야의 규제완
화가 진행된 결과, 노동시간은 예전과 같이 표준화를 지향하는 것이
아니라 다양화, 분산화, 개인화를 지향하고 있다.

여기에서 내가 염두에 두는 것은 J. C. 메신저J.C.Messenger가 그의 편
저《선진공업국의 노동시간과 노동자의 선호》(2004년)의 '서론'에서

언급한 다음과 같은 지적이다. "대부분 산업사회에서는 과거 20~30년간 노동시간의 점진적 표준화로 향하던 역사적 경향이 노동시간의 다양화·분산화·개인화로 대체되었다."

이 책에서는 이미 최근 들어 세계 곳곳에 과노동과 고용의 불안정화가 이루어지는 배경에 대해 글로벌 자본주의(제1장), 정보자본주의(제2장), 소비자본주의(제3장)와 같은 현대 고도자본주의의 측면과 관련지어 살펴보았다. 제4장에서는 '프리타 자본주의(앞서 말한 것처럼 이 책에서는 젊은 세대의 프리타뿐 아니라 비정규 노동자가 기간 노동력이 될 때까지 확대한 자본주의를 '프리타 자본주의'라고 부른다)'와의 연관성에 주목하여 고용의 불안정화와 노동시간의 비표준화가 무엇을 의미하는지, 또 왜 이러한 일이 일어났는지를 고찰해보기로 한다.

먼저 떠오르는 것은 영국의 마가렛 대처Margaret Hilda Thatcher 수상(1979년 5월~1990월 11월), 미국의 로널드 레이건Ronald Wilson Reagan 대통령(1981년 1월~1989년 1월), 일본의 나카소네 야스히로中曽根康弘 수상(1982년 11월~1987년 11월)의 이름으로 잘 알려진 '신자유주의'의 흐름이다. 영국, 미국, 일본 세 나라의 리더들은 1980년대에 '작은 정부'를 제창하고, 복지국가의 규모가 지나치게 커졌다는 이유로 사회보험을 억제하는 동시에 민간기업의 영리추구 기회를 확대하기 위해 규제완화, 민영화, 시장화를 추진해왔다.

이러한 '신자유주의' 정치사상은 '시장개인주의' 경제사상의 지원을 받고 있다. 제프리 M. 호지슨Geoffrey M.Hodgson이 《경제학과 유토피아》(2004년)에서 기술했듯, 시장개인주의는 개인의 권리와 자유가 시장을 최대한으로 이용할 때 가장 잘 보장된다고 생각한다. 그래서 국가에 의한 경제운영의 조정, 규제, 개입을 원칙적으로 부정한다. 그 때문에 시장개인주의는 시장 자체가 법, 관습, 도덕 등에 힘입어 기능하는 사회제도라는 것을 보지 않고, 문화적·사회적·역사적인 배경을 달리하는 다양한 유형의 시장이 있다는 것을 보려고 하지 않는다. 또한 금전적 가치나 이기심에만 중점을 둠으로써, 경제시스템이 기능할 때 발생하는 신뢰나 협동, 사회적 유대를 정당하게 고려하지 않는다.

노동의 규제완화와 인재사派 비즈니스

시장개인주의가 노동시장에 적용되면 마치 일반상품인 것처럼 노동력을 취급한다. 따라서 노동자의 보호와 노동조건의 개선을 위해 그동안 획득해온 노동분야의 다양한 규제완화와 폐기를 요구하는 주장으로 나타난다.

역사적으로 획득해온 노동분야의 규제가 무엇을 의미하는지를 알려면 ILO 헌장(1919년 기초起草, 1946년 채택)을 보면 된다. ILO 헌장의 전문前文은 "1일 및 1주의 최장 노동시간 설정을 포함한 노동시간의 규제, 노동력 공급의 조정, 실업의 방지, 타당한 생활임금의 지급, 고용으로 인한 질병·질환·부상에 대한 노동자의 보호, 아동·연소자·여성의 보호, 노년 및 불치병에 대한 급부, 자국이 아닌 나라에서 사용하는 경우에 대한 노동자의 이익 보호, 동일가치노동에 대한 동일임금 원칙의 승인, 직업적 및 기술적 교육의 조직 및 다른 조치"에 의해 노동조건을 개선해야 한다고 천명하고 있다.

또 ILO 헌장의 부속 문서로 채택한 〈필라델피아 선언〉(1944년)은 ILO의 기초를 이루는 제1근본원칙으로서 '노동은 상품이 아니'라는 원칙을 내걸고 있다.

그러나 시장개인주의는 이 원칙을 시대착오적이라면서 내친다. 일본에서 대표적으로 노동시장의 규제완화를 외치는 야시로 나오히로八代尚宏도 그렇다. 내각부의 '규제개혁·민간개방 추진회의' 위원인 그는 자신의 저서 《고용개혁의 시대》(1999년)에서 '노동은 상품이 아니다', '노동시장의 규제는 노동자의 존엄을 지키기 위해 당연하다'는 원칙 아래 노동분야를 보호하고 규제하는 사상에 반대한다고 기술한다. 기업에 대해 노동자 대다수가 '약자'였던 지난 세기의 유물일 뿐, 기업과 대등한 입장에서 교섭할 수 있는 전문적 능력을 가진 노동자가 증가하는 현대사회에는 필요하지 않기 때문이라고 한다.

야시로의 주장에 따르면 고용정책은 노동자 개인의 이익을 중심으로 생각해야 하고, 노동방식은 노동시장에 대한 개인의 자유로운 의사결정에 맡겨야 한다는 말이 된다. 이런 사고방식에 입각하면 인재 파견업(〈그림 4-1〉), 업무 도급업(〈그림 4-2〉), 유료 직업 소개업(〈그림 4-3〉) 등 다양한 형태의 '인재 비즈니스'는 대폭 규제완화를 해야 하고, 노동시간의 규제는 가능하면 철폐하는 것이 바람직하다는 뜻이 된다.

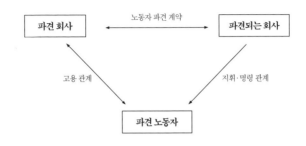

〈그림 4-1〉인재 파견업

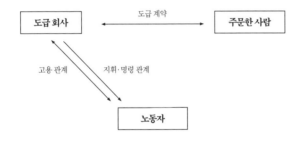

〈그림 4-2〉업무 도급업

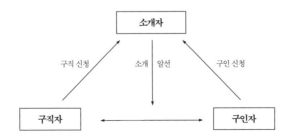

〈그림 4-3〉유료 직업 소개업

'화이트칼라·제외' 제도 도입론이 노리는 바

야시로와 함께 세이케 아쓰시淸家篤는 '규제개혁·민간개방 추진회의'에 선행하는 '종합규제 개혁회의'에 경제학자로서 참가해온 사람이다. 그는 이 회의의 고용·노동작업부회의 '제3년차 기본방침'(2003년 5월 6일)에서 다음과 같이 화이트칼라의 노동시간 규제적용을 제외하는 제도를 도입하자고 주창하고 있다.

노동기준법은 공장의 정형定型 노동에 종사하는 노동자를 염두에 두고, 그러한 노동자의 안전과 노동조건의 담보를 위해 만들어진 것이다. 그런데 현행법에서는 당초에 염두에 둔 바와 달리 비정형 노동 등에 종사하는 노동자에게도 똑같이 적용하고 있기 때문에 무리가 따르고 있다. ⋯⋯ 진정 노동기준법으로 보호해야 하는 노동자에게 제대로 적용하기 위해서도 원래 법적 적용이 상응하지 않은 비정형 노동 등에 종사하는 노동자는 적용을 제외하는 것이 노동자의 이익이 된다. 이런 관점에서 '화이트칼라·제외exception 제도를 도입해야 한다.

이는 일본의 노동시장을 미국과 같이 바꾸자는 요구와 다를 바 없다. 실제로 앞서 나온 '종합규제 개혁회의'와 그 후속조직인 '규제개혁·민간개방 추진회의'의 의장인 오릭스オリックス 회장 미야우치 요시히코宮內義彥는 저서 《경영론》(2001년) 서두에서 "지금 일본의 기업경영이 추구해야 할 것은 '미국을 향해 달리라'는 것이 아닐까요?"라고 말한다.

　　　　죽도록 일하는 사회

일본의 노동기준법에 해당하는 미국의 공정노동기준법에 따르면 전체 노동자의 4분의 1(화이트칼라의 40퍼센트)을 점하는 화이트칼라 노동자는 노동시간 규제 적용에서 제외된다. 이들 화이트칼라 노동자는 노동시간의 상한선이 없고 잔업 수당(시간외 할증 임금)도 지급받지 못한다. 이것이 이른바 '화이트칼라·제외'가 가리키는 내용이다.

제2차 세계대전 후 비교적 안정적인 고용 관행이 유지되는 동안 미국의 화이트칼라는 노동조합으로 조직된 블루칼라가 얻어낸 임금과 노동시간의 투쟁성과를 함께 누려왔을 뿐 아니라, 그보다 더 좋은 노동조건을 얻어왔다. 그런 시대에는 화이트칼라·제외도 그렇게 커다란 문제가 아니었다. 그러나 오늘날에는 소수의 예외를 빼면 미국의 화이트칼라는 노동조합이 없을 뿐 아니라 노동기준의 적용 제외 대상이기 때문에 끊임없는 인원 감축, 임금 절하, 복리후생의 삭감 등으로 '화이트칼라 착취 공장'이라는 말이 나올 만큼 가혹한 상황에 내몰리고 있다.

노동시간의 개념도 잔업의 개념도 없어진다?

야시로나 세이케가 '화이트칼라·제외' 제도를 도입하자고 주장하는 배경에는 과중 노동이나 서비스 잔업에 대한 행정적인 감독 강화에 반대하고, 규제완화를 한층 더 추진하려는 재계財界의 의향이 깔려 있다. 일본경제단체연합회가 2004년 12월 발표한

2005년판 〈경영노동정책위원회 보고〉에서 다음과 같이 요구한 것을 그 증거라 볼 수 있다.

> 업무 성과가 반드시 노동시간과 비례하지 않는 노동방식이 증대하는 현대에는 규제완화의 방향에서 재량노동제*를 대폭적으로 재고하고, 일정하게 한정된 노동자 이외의 화이트칼라를 원칙적으로 노동시간 규제의 적용 제외 대상으로 삼는 제도(화이트칼라·제외)를 도입하는 등 노동시간 법제의 근본적인 개정이 필요하다.

재량노동제를 취하면 노동자는 노사협정으로 결정한 시간만큼 일한 것이라고 여겨진다. 이제까지는 기획, 입안, 조사, 분석 등 업무의 성격상 노동자의 재량을 인정할 필요가 있고, 또 노동 내용이나 시간 배분에 대해 사용자가 구체적으로 지시하기 어려운 업무를 재량노동제의 대상이라고 생각해왔다. 그러나 일본경제단체연합회가 말하는 '재량노동제의 대폭적인 재고'는 재량노동제를 원칙적으로 화이트칼라 노동에 널리 확대하려는 것이다.

현상적으로도 이미 일정한 직급의 관리직, 예를 들어 과장은 경영자와 일체적인 입장의 관리감독자가 아니기에 잔업 수당 청구권이 있음에도 거의 모든 기업이 그들을 잔업 수당의 대상에서 부당하게

---

* 근로자의 보수를 노동시간으로 평가하지 않고 성과 및 실적 등을 감안해 결정하는 제도.

　　　　　죽도록 일하는 사회

제외시켜 왔다. 이런 의미에서 재계가 추진하는 '화이트칼라·제외' 제도는 과장 및 그에 준하는 관리직에는 이전부터 적용해온 관행을 화이트칼라의 전체 직종·전체 직급으로 확대하려는 것이다.

2005년 6월에 일본경제단체연합회는 '노동기준법의 개정이 규제 완화 방향으로 이루어졌지만 아직 불충분하다'고 하면서 〈화이트칼라·제외에 관한 제언〉을 발표했다.

이에 따르면 화이트칼라는 '생각하는 것'이 중요한 업무이고, 직장에 있는 시간만 업무에 관여하는 것이 아니다. 또 업무 종료 후의 자율적인 연구와 자기계발을 생각하면 회사에서의 업무가 아니라고 해서 일괄적으로 '노동시간'이 아니라고도 단정할 수 없다. 이렇게 화이트칼라의 경우는 '노동시간'과 '비노동시간'의 경계가 애매모호하다. 또 화이트칼라에게 노동기준법이 정한 노동시간의 규제를 적용하는 것은 노동시간에 대응한 임금이 아니라 성과에 대응한 임금을 지급하는 '성과주의 임금제도'를 도입·확대하고 있는 현실과 맞지 않는다. 또한 그것은 모바일 워크(휴대정보단말기를 사용한 이동 중 노동)의 확대에 의해 노동시간과 비노동시간의 경계가 더욱 불분명해진 현실과도 합치하지 않는다. 그러므로 노동시간, 휴식, 휴일, 심야 노동 등에 걸쳐 있는 각종 규제를 화이트칼라에게는 원칙적으로 적용하지 않도록 개정해야 한다는 것이다.

이 제도를 도입하면 화이트칼라에 대해서는 법정 노동시간이 지켜야 할 기준으로서의 의미를 잃고, 사용자는 잔업 수당의 지급 의무를 면제받는다. 그렇게 되면 또 다른 특별한 조치를 취하지 않는 이 상 기존의 잔업 수당이 없어지는 만큼 임금은 적어지고, 지금도 충분히 긴 노동시간은 더욱 길어질 것이다.

진보하는 고용 형태의 다양화와 고용의 불안정화

선진국에서는 근래 노동분야의 규제완화를 추진하는 가운데 고용 형태의 다양화, 즉 고용이라고 할 수 없는 형태까지 포함한 노동계약 형태의 다양화가 전개되었다.

고용 관계의 변화는 고용 기간이 정해지지 않은 정규 노동자(정사원·정직원)의 감소와 고용 기간이 정해진 비정규 노동자의 증대로 나타난다. 비정규 노동자는 고용·노동계약의 형태로 보면 ①파트타임, 아르바이트, 계약 사원 등 직접 고용, ②고용 관계와 사용 관계가 분리되어 있는 파견 노동자(등록형과 상용형), ③주문 기업이 도급 기업에 특정 업무를 위임하는 형태를 취하는 업무 도급, ④자영업의 형태를 취하는 개인 도급 등 네 가지 유형으로 나눌 수 있다.

〈표 4-1〉은 《취업구조 기본조사》를 통해 고용 형태별 노동자의 분포를 제시했다. 여기에서 알 수 있듯 비정규 노동자는 이제 전체 노동자의 3분의 1에 달한다. 여성은 이미 50퍼센트를 넘었다. 고용 형태의 구분과 고용 형태별 노동자의 비율에 대해서는 〈표 4-2〉를 참고하기 바란다.

죽도록 일하는 사회

〈표 4-1〉고용 형태별 노동자의 분포

(단위: 만 명, 퍼센트)

고용 형태	남녀 합계	퍼센트	남성	퍼센트	여성	퍼센트
고용자(임원 제외)	5,084	100	2,924	100	2,159	100
정규 고용자 수	3,456	68.0	2,441	83.5	1,014	47.0
비정규 고용자 수	1,621	32.0	478	16.5	1,143	53.0
· 파트타임	782	15.4	63	2.1	720	33.3
· 아르바이트	424	8.3	210	7.2	214	9.9
· 노동자 파견 사업소의 파견 사원	72	1.4	20	0.7	52	2.4
· 계약 사원 · 촉탁	248	4.9	131	4.5	117	5.4
· 기타	95	1.9	54	1.9	40	1.9

출처 총무성, 《2002년판 취업구조 기본조사》, 2003년
주 1 파트타임, 아르바이트의 구별은 근무처의 호칭에 의한다.
2 수치와 표기의 제약으로 인해 총수㈜와 내역의 합계는 일치하지 않는다.

〈표 4-2〉취업 형태별 노동자의 비율

(단위: 퍼센트)

구분	정규직	비정규직	취업 형태						
			계약 사원	촉탁 사원	출향 사원*	파견 노동자	임시 고용자	파트타임 노동자	기타
합계	65.4	34.6	2.3	1.4	1.5	2.0	0.8	23.0	3.4
남	80.0	20.0	1.9	1.8	2.2	1.0	0.9	9.6	2.6
여	44.4	55.6	2.9	0.9	0.6	3.4	0.8	42.5	4.6

출처 후생노동성, 《2003년 취업 형태의 다양화에 관한 종합실태조사 결과의 개황》, 2004년

* 현재 근무하는 회사와 고용 계약을 유지한 채 자회사나 관련 회사 등 다른 회사로 이동해 업무에
종사하는 사원.

실제로는 더욱 복잡하다. 직접 고용이어야 할 계약 사원이 사실은 신분이 불안정한 개인 도급이기도 하고, 파견 회사에서 파견 회사로 보내진 이중 파견이기도 하고, 파견인데도 규제를 피하기 위해 업무 도급의 형태를 위장하는 예가 많다. 대기업의 정관을 보면 대체로 사업 목적의 하나에 인재 파견업을 들고 있다. 그것은 회사 자체가 고용 관리를 위해 인재 파견 회사를 만들어 사원을 파견 사원으로 대체하기 위함이다. 어느 쪽이든 비정규 노동자의 대다수는 소수의 예외를 제외하면 고용이 불확실하고 불안정하며 임금은 현저하게 낮다.

2003년의 《국민생활백서》는 프리타를 '15~34세의 젊은이(다만 학생과 주부는 제외) 가운데 파트타임·아르바이트(파견 등을 포함) 및 일할 의지가 있는 무직자'라고 정의하고, 2001년에 그 수가 417만 명에 달한다고 발표했다. NHK 스페셜(2004년 3월 7일 방송)은 이를 〈프리타 417만 명의 충격〉이라고 다루며 화제를 불러일으켰다.

최근에는 학교를 졸업해도 부모와 동거하면서 주거, 식사, 가사 등 기초적인 생활 조건을 그들에게 의존하는 미혼자를 가리켜 '기생충' 또는 '군식구'라는 가슴이 덜컥 내려앉는 뜻을 지닌 일본식 영어로 '파라사이트 싱글parasite single'(야마다 마사히로山田昌弘, 《파라사이트 싱글의 시대パラサイト·シングルの時代》, 1999년)이라고 부르고, 프리타 증가의 주된 원인이 이와 같은 미혼자의 증가에 기인한다는 논의가 있다. 또 조직에 얽매이기 싫다는 젊은이의 노동관이나 손쉽게 이직하는 낮은 취업 의욕을 중시하는 논의도 있다. 그러나 이것도 저것도 다 일

리는 있지만 문제의 가장 주요한 측면은 아니다. 프리타 증가의 요인으로서 가장 중시해야 할 것은 노동력의 공급보다 수요(기업)에 있다. 기업은 1990년대 중반 이후 장기간에 걸쳐 신규 채용을 억제하고 정사원을 파트타임·아르바이트·파견 사원·계약 사원·개인 도급 등으로 대체하는 고용 전략을 구사해왔다. 수많은 젊은이들이 정사원이 되고 싶은 마음이 굴뚝같아도, 그것이 쉽게 가능하지 않을 만큼 취업 환경은 악화일로를 걸어왔다.

고용 형태의 다양화와 소득의 양극화

《국민생활백서》에서도 지적했듯 일본경제단체연합회는 1995년 발표한 《새 시대의 '일본적 경영'新時代の「日本的経営」》에서 노동력을 'A, 장기축적능력 활용형 그룹'(장기 고용의 정사원), 'B, 고도전문능력 활용형 그룹'(유기有期 고용의 저연봉 계약 사원), 'C, 고용 유연형 그룹'(파트타임·아르바이트·파견) 등 세 유형으로 나누고, A그룹을 극단적으로 축소하고 B그룹과 C그룹을 대폭 늘려 고용의 유동화와 인건비의 인하를 추진한다는 방침을 내세웠다(〈그림 4-4〉). 최근 들어 대학을 갓 졸업한 젊은이의 취업 환경이 악화된 원인은 이러한 재계의 고용관리 전략이 현실에 침투해 실행되어 온 결과라고 할 수 있다.

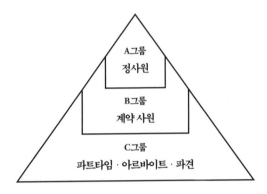

〈그림 4-4〉 일본경제단체연합회가 그린 고용의 계층구조

A그룹
정사원

B그룹
계약 사원

C그룹
파트타임 · 아르바이트 · 파견

젊은이의 이직률은 높다. 입사 후 3년 이내에 이직하는 사람의 비율은 '7·5·3'(중학교 졸업자 약 70퍼센트, 고등학교 졸업자 약 50퍼센트, 대학 졸업자 약 30퍼센트)이라고들 한다. 이것은 젊은이의 취업 의욕 저하 때문이라기보다는 근무 의욕을 망가뜨리는 직장 환경 때문이 아닐까 한다.

고졸이든 대졸이든 다행히도 정사원으로 취직하더라도 주 50시간 또는 60시간을 넘는 장시간 노동이 기다리고 있다. 이런 지경이니 억지로 참고 근무하기보다는 일 때문에 건강이 망가지기 전에, 또는 목숨을 빼앗기기 전에 그만두자고 결단하는 편이 현명할지도 모른다.

파트타임이나 아르바이트나 파견밖에 일할 곳이 없어 프리타로

죽도록 일하는 사회

취업한 경우, 몇 년이 지나도 연간 수입은 200만 엔을 넘기기 어렵다. 시급 850엔으로 연간 2,000시간(주 40시간으로 50주) 일한다 해도 연간 수입은 170만 엔이다. 더구나 언제 목이 날아갈지 모르고 장래 희망을 품을 수 없는 일일 때가 많다. 리쿠르트 웍스 연구소의 〈비전형 고용 노동자 조사〉(2001년)에 의하면 프리타의 90퍼센트 이상은 고용보험, 건강보험 및 후생연금보험을 적용받지 못하고 있다.

프리타는 앞에서 언급했듯이. 보통은 젊은 세대의 파트타임·아르바이트·파견 등을 가리킨다. 그러나 연령을 불문하고 비정규 고용자를 널리 프리타라고 부른다면 일본은 이미 멋들어진(?) '프리타 사회'이다. 조금 전 〈표 4-1〉은 비정규 고용자 총수가 남녀 합해 1,600만 명이고, 전체 고용자의 30퍼센트를 넘는다는 것을 보여준다.

2003년에 모리나가 다쿠로森永卓郎의 《연간 수입 300만 엔 시대를 살아가는 경제학年收三〇〇万円時代を生き抜く経済学》(2003년)이 베스트셀러에 올랐다. 현재 평균적으로 600만~700만 엔을 버는 샐러리맨의 연간 수입이 300만~400만 엔까지 내려가는 시대가 온다는 것이다. 그러나 〈표 4-3〉에서 뚜렷이 나타나듯 미래를 기다릴 것도 없이 현재 이미 일본의 노동자(고용자) 4명 중 1명은 연간 수입 150만 엔 미만, 2명 중 1명은 300만 엔 미만, 4명 중 3명은 500만 엔 미만이다.

이러한 계층구조를 고찰한 구마자와 마코토熊沢誠는 일본 노동자의 약 절반이 한 사람의 임금으로는 생활할 수 없는 파라사이트 수준이라고 지적한다. 물론 구마자와가 주의를 환기하듯, 노동자는 일

<표 4-3> 고용자의 소득 계층별 분포

(단위: 만 명, 퍼센트)

	남녀 합계	퍼센트	남성	퍼센트	여성	퍼센트
전체 고용자	5,473	100	3,220	100	2,253	100
150만 엔 미만	1,314	24.0	291	9.0	1,023	45.4
150~299	1,354	24.7	669	20.8	684	30.4
300~499	1,332	24.3	980	30.4	352	15.6
500~699	707	12.9	599	18.6	108	4.8
700~999	516	9.4	461	14.3	55	2.5
1,000만 엔 이상	198	3.6	188	5.8	10	0.4

출처 총무성, 《2002년판 취업구조 기본조사》, 2003년

반적으로 세대 단위로 살고 있고 2명 이상 근로자 세대(평균 세대 인원 3.5명, 평균 유업 인원 1.6명)의 비율로 보면 300만 엔 미만은 5퍼센트, 500만 엔 미만은 27퍼센트이기 때문에 개인으로 본 경우만큼 계층화가 심각하지 않다. 그러나 거꾸로 말하면 프리타처럼 저임금을 받으며 독신으로 살아가는 일이 극히 힘든 현실임이 문제로 떠오른다.

법은 늘 현실의 변화를 뒤늦게 쫓아간다. 제2차 세계대전 이후, 타인이 고용한 노동자에게 자신의 지휘와 명령 아래 일을 시키는 것은 '노동자 공급 사업'이라고 해서 직업안정법을 통해 금지해왔다. 그러나 1970년대에 이미 경비, 청소, 사무처리 같은 업무 분야에서 직업안정법 위반 사례가 빈번하게 발생했기에 1985년 들어 노동자파견

법을 제정했고(1986년 7월 시행), 전문성이 높은 16(당초에는 13)가지 업무에 대해 노동자 파견 사업을 합법화했다. 그 후 1996년 개정으로 26가지 업무로 파견 대상이 늘어났다. 나아가 강력한 규제완화에 대한 경제계의 요구를 받아들여 1999년에는 일부 예외를 제외하고 거의 모든 업무가 노동자 파견 대상이 되었다.

2004년 3월부터는 개정 노동자파견법 시행으로 결국 제조현장에 대한 직접 파견도 금지가 풀리며 가능해졌다. 이와 더불어 업무 도급 회사에 의한 '파견'을 포함해 이미 기정사실이 되어버린 공장 등의 파견 도입이 한꺼번에 팽창하는 낌새를 보였다. 생산현장의 업무 도급(〈그림 4-2〉 참조)은 어느새 100만 명에 달한다는 신문기사도 있다.

디지털 가전 붐으로 들끓던 전기 기계·정밀 기계와 국제적 경쟁을 이끄는 자동차. 일본의 제조업은 다시 숨결을 되찾았다. 하지만 무언가 다르다. 생산현장에서는 정사원이 급감하고 업무 도급 회사가 '파견'하는 프리타나 일본인계 외국인 노동자가 급증. 그 수는 백만 명으로 추산된다. 1,200만~1,300만 명으로 추정하는 제조업 취업자 가운데 좋든 싫든 존재감이 높아지고 있다. 한없이 인건비 억제를 추구한 끝에 나온 부산물이라고 할 수 있는데, '업무 도급을 빼고 일본의 제조업은 이미 성립하지 않는다'는 지적도 있다(《일본경제신문》, 2004년 4월 2일).

정사원을 줄이고 파견·도급을 활용하는 '고용하지 않는 경영'에 대해 특집을 꾸민 어느 경제 잡지는 AV 제품, 컴퓨터, 휴대전화 등을 생산하는 디지털 가전업계가 '도급 사원'을 활용하는 놀랄 만한 예를 소개한다.

소니의 국내 생산부문을 분사_{分社}하여 발족한 '소니 EMCS'의 정사원이 1만 3,000명이라는 사실에 놀라지 마시라. 적을 때도 8,000명, 많을 때는 1만 2,000명의 도급 사원이 있다. 이 회사가 계약한 업무 도급 회사는 20개사 이상. 도급 사원 없이는 이제 신선한 식품으로 변한 디지털 가전의 생산 조정은 불가능하다(《주간 다이아몬드週刊ダイヤモンド》, 2004년 12월 11일).

노동시간에도 양극화가 진척

고용이 정규와 비정규로 양극화한다는 것은 노동시간도 장시간과 단시간으로 양극화한다는 뜻이다.

〈그림 4-5〉는 1980년부터 2004년까지 단시간 노동자와 장시간 노동자의 움직임을 보여준다. 이 그림에는 성별이 나와 있지 않지만 1980년대에는 주 60시간 이상 일하는 남성 노동자와 주 35시간 미만 일하는 여성 파트타임 노동자가 동시에 대폭 증가한다. 다시 말해 '노동시간의 성별 분화를 동반한 양극화'가 진행되었다(졸저 《기업중심 사회의 시간 구조》 제3장).

1990년대에 들어오면 거품 붕괴 이후 불황으로 돌입함에 따라

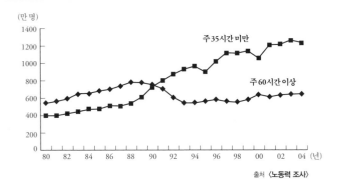

〈그림 4-5〉 주 35시간 미만과 주 60시간 이상의 노동자 수

(만 명)

주 35시간 미만

주 60시간 이상

80 82 84 86 88 90 92 94 96 98 00 02 04 (년)

출처 〈노동력 조사〉

잔업이 감소하며 남녀 노동시간의 양극화 경향이 일시적으로 멈춘다. 그러나 최근 들어 또다시 장시간 노동과 단시간 노동의 양극화가 눈에 띄게 나타나고 있다. 1993년부터 2003년까지 10년간의 동향을 보면, 주 35시간 미만 일하는 취업자는 남녀 합해 929만 명(18퍼센트)에서 1,259만 명(24퍼센트)으로 증대했다. 이와 동시에 주 60시간 이상 일하는 취업자도 540만 명(13퍼센트)에서 638만 명(16퍼센트)으로 늘어났다. 사람 수로 보든 비율로 보든 이 기간 노동시간의 양극화가 이루어진 것은 명확하다.

이 점에 관해서는 최근 몇몇 정부 관계기관의 문서도 주목하고 있다. 국민생활심의회의 보고 〈노동방식과 라이프스타일의 변혁〉(2002년 7월)은 고용을 둘러싼 최근의 변화로서 실업률의 상승 아래 단시간 노동자와 장시간 노동자가 함께 증가한다는 것을 문제 삼고,

'취업시간의 양극화' 현상을 지적한다. 2003년 《국민생활백서》도 파트타임·아르바이트가 늘어나는 가운데 주 60시간 이상 일하는 정사원이 늘어나는 사실에 주목한다. 또 노동정책심의회의 보고 〈금후 노동시간 대책에 대하여〉는 경제의 글로벌화 진전에 따른 기업 간 경쟁의 격화 등을 배경으로 35시간 미만의 고용자와 60시간 이상의 고용자가 함께 증가하고, '노동시간 분포의 장단 양극화'가 진전하고 있는 데 주의를 촉구하고 있다.

5년마다 실시하는 총무성의 〈사회생활 기본조사〉를 통해 취업자의 노동시간 변화를 보면, 1991년부터 2001년 사이에 남녀 모두 평일 노동시간이 11시간 이상인 사람과 7시간 미만인 사람이 늘어났음을 알 수 있다. 여기에서도 양극화 현상이 보인다. 성별로 보면 장시간 노동자는 주로 남성이고, 단시간 노동자는 주로 여성이다. 이 조사의 2001년 데이터에 의하면 평일 노동시간이 10시간 이상인 사람은 남성 3명 중 1명(35퍼센트), 여성 10명 중 1명(10퍼센트)이다. 7시간 미만인 사람은 남성 7명 중 1명(15퍼센트), 여성 2.5명 중 1명(41퍼센트)이다.

가장 심각한 과노동은 30대 남성
—네 명 중 한 명이 주 60시간 이상 노동

〈노동력 조사〉에 의해 연령 집단별 노동시간의 분포를 보면, 2004년 데이터에서 가장 오랜 시간 일하는 사람은 30대 남성이다. 그들의 평균 주 노동시간은 50시간에 이르고, 해당 노동자 4명 중 1명(24퍼센트)은 주 60시간 이상 일한다. 경제상황이 좋지 않아 신규 채용을 억제하고 중장년층의 구조조정을 시행하는 가운데, 30대 남성은 인원이 줄어드는 속에서도 업무는 늘어나는 상황을 감내해야 한다. 또한 그들은 젊은이로서 허드렛일을 해내야 하는 동시에 책임 있는 중견 역할도 맡아야 한다. 그런 까닭에 여가를 즐길 시간도 없고 소비할 시간도 없을 만큼 장시간 일하고 있다.

덧붙여 2001년 〈사회생활 기본조사〉를 보면 30대 남성은 주 평균 52시간 37분 동안 일한다. 5년마다 실시하는 NHK의 〈국민생활 시간조사〉에서는 2000년도 30대 남성의 노동시간이 주 평균 55시간 45분에 이른다. 30대 남성에게 과로사, 과로 자살이 많은 것도 충분히 짐작이 가고도 남는다.

최근에 발표한 노동정책 연구·연수 기구의 〈일본의 장시간 노동·미지급 노동시간의 실태와 실증 분석〉(2005년 3월)은 전국 3,000명(유효 회답 2,557명)을 대상으로 한 본격적인 조사이다. 이것을 보더라도 연령 계층별로 가장 오랜 시간 일하는 것은 30대이다. 2004년 6월을 대상 기간으로 조사한 바로 30대는 남녀 합해 월 204시간(연간 약 2,450시간)이나 일한다. 잔업은 월 38시간(연간 약 450시간)에 달한다.

그러나 과노동은 결코 남성만의 문제가 아니다. 2001년《사회생활 기본조사》에 의하면, 여성의 40퍼센트는 평일 노동시간이 8시간을 넘고, 20퍼센트는 9시간, 10퍼센트는 10시간, 5퍼센트는 11시간을 넘는다. 아까 말한 노동정책 연구·연수 기구의 조사에서는 2004년 6월 여성의 노동시간이 186시간(연간 2,200시간 남짓)이었다. 그중 잔업시간은 21시간(연간 250시간 남짓)이다. 여성의 10퍼센트 정도는 같은 해 6월 잔업이 50시간을 넘는다. 최근에는 여성의 과로사도 드물지 않다. '과로사 110번'에도 여성 노동자나 그들 모친의 상담이 늘고 있다.

파트타임·아르바이트 중에도 전일제 못지않게 일하는 사람이 적지 않다.《취업구조 기본조사》(2002년)에 의하면 연간 200일 이상 취업한 가운데, 주 35시간 이상 일하는 사람이 157만 명이다. 그중 35만 명은 주 46시간 이상, 3만 명 남짓은 주 60시간 이상 일한다.

움직이기 시작한 서비스 잔업의 시정

노동기준법은 1947년 제정 당시부터 동법 제36조가 정한 시간외 노동협정(36협정)을 노사가 맺는다는 전제 위에서 거의 무제한 잔업(시간외 노동과 휴일 노동)을 인정해왔다. 이것도 한 가지 원인으로 작용하면서 많은 직장에서 장시간 잔업이 일반화하는 가운데 시간외 노동 및 휴일 노동을 강요하면서 임금도 잔업 수당도 지급하지 않는 '서비스 잔업'이 만연해왔다.

'들어가는 말'에서도 언급했지만 노동기준법 제104조에 따르면 사업장에서 동법을 위반하는 사실이 있을 때, 노동자는 그 사실을 행정관청 또는 노동기준감독관에게 신고할 수 있다. 또한 사용자는 이를 구실로 노동자를 해고하거나 기타 불이익을 주거나 부당하게 대우해서는 안 된다고 정해놓았다. 최근에는 많은 기업에서 구조조정으로 인원이 줄어 서비스 잔업이 심각해지는 가운데 노동기준감독관에게 위법 잔업을 고발(신고)하는 노동자가 급증하고 있다. 2002년에는 노동자나 그 가족이 전국의 노동기준감독관에게 서비스 잔업 등 임금 미지급을 고발한 것이 처음으로 3만 건이 넘었다(《마이니치신문》, 2003년 7월 28일, 석간).

그러한 가운데 후생노동성은 2003년 5월 〈임금 미지급 잔업 종합대책 요강〉과 〈임금 미지급 잔업을 해소하기 위해 강구해야 할 조치 등에 관한 지침〉을 공표하고, 서비스 잔업의 해소를 위해 감독 지도를 강화했다.

그 결과 과년도분을 포함해 2001년 4월부터 2004년 3월까지 3년 동안 2,200개사, 약 33만 명에게 392억 엔을 지급했다. 2003년 4월부터 2004년 3월까지 1년 동안만 해도 1,184개사, 약 19만 명, 238억 엔에 이른다. 대체로 종업원 또는 옛 종업원의 고발을 받아 노동기준감독서가 시정 권고를 한 것에서 발단해 실현된 것이다.

또한 이런 움직임에 맞추어 포털 사이트 '야후 뉴스'에 서비스 잔업 문제를 다루는 공간이 생기며, 관련된 뉴스 기사를 읽을 수 있게 되었다. 〈표 4-4〉에는 기타 신문 보도를 참고해 2003년 이후에 발표

기업명	발표 시기	대상 인원수	대상 기간	지급 금액
다케후지武富士	2003년 7월	5,000 (명)	2 (년)	35억 (엔)
중부전력中部電力	2003년 12월	1만 2,000	21개월	65억
일본우정공사日本郵政公社	2005년 2월	5만 7,000	불명	32억
빅 카메라ビックカメラ	2005년 3월	수천	불명	30억
도쿄전력東京電力	2005년 3월	2만 5,900	2 (년)	69억 4,800만
오사카 가스大阪ガス	2005년 3월	1,800	2	18억
미즈호 은행みずほ銀行	2005년 4월	다수의 은행원	2	20-30억
간사이 전력関西電力	2005년 6월	1만 1,100	2	22억 9,700만
스태프 서비스スタッフサービス	2005년 6월	3,400	2	53억 6,500만

한 서비스 잔업의 미지급 임금의 주요한 지급 사례를 제시해두었다.

시간 단축 촉진법을 폐지하고, 연간 1,800시간의 깃발을 내리다

앞에서 서술했듯 서비스 잔업의 해소를 위해 후생노동성
도 이제야 겨우 움직이기 시작한 듯하다. 그러나 반면 노동시간의 규
제를 완화·철폐하여 과노동을 조장하는 움직임도 강해지고 있다.

그중 하나는 연간 1,800 노동시간을 달성하기 위해 1992년에 제
정한 시간 단축 촉진법을 폐지하고, 다양한 노동방식에 대응해 노사

간 자율적인 노력을 촉진하는 법률을 제정하려는 움직임이다.

후생노동성의 자문기관인 '노동정책심의회'는 2004년 12월 "노동방식의 다양화가 이루어지는 가운데 전체 노동자에게 일률적인 목표를 설정하는 계획이 반드시 시의에 맞다고는 할 수 없다"는 이유로 '연간 1,800 노동시간'을 정부의 시간 단축 목표에서 제외하자는 의견서를 오쓰지 히데히사尾辻秀久 후생노동성 장관에게 제출했다. 그리고 2005년 3월 정부는 노동안전 위생법, 노동시간의 단축에 관한 임시조치법(시간 단축 촉진법), 노동자 재해보상 보험법, 산재보험 징수법 등 네 가지 법률 개정안을 '노동안전 위생법 등 일부를 개정하는 법률안'으로 일괄해 국회에 제출했다.

곧이어 이야기하겠지만 시간 단축 촉진법의 개정(실은 폐지)도 문제이지만, 노동안전 위생법 '개정'에도 문제가 있다. 이 개정안은 과중 노동에 의한 건강장애 방지대책과 관련해 일정한 시간을 초과한 잔업을 한 노동자에 대해 '의사의 면접과 지도가 이루어져야 한다'고 규정한다. 이 경우 기준이 되는 '일정한 시간'은 후생노동성령으로 정한다고 한다. 그러나 노동정책심의회의 건의는 그 기준에 대해 잔업이 "월 100시간을 넘어 피로의 축적이 인정되고, 본인의 신청이 있는 노동자에게 산업 의사의 면담 지도를 행한다"고 되어 있다. 이로써 짐작컨대 후생노동성령이 정한 요건은 잔업이 월 100시간을 넘으며 본인이 신청한 사람으로 여겨진다.

'들어가는 말'에서 도쿄 노동국이 실시한 과중 노동의 실태조사를 소개했다. 여기에서 말하는 '과중 노동'은 후생노동성의 〈과중 노동에 의한 건강장애 방지를 위한 종합대책〉을 바탕으로 한다. 이에 따르면 월 45시간을 넘는 잔업을 시킨 경우는 사업장의 건강관리에 대한 산업 의사의 조언 지도를 받는다. 또 월 100시간 또는 2~6개월 평균 80시간 이상 잔업을 시킨 경우는 해당 노동자에게 건강진단을 받게 하고, 산업 의사의 면접 지도를 실시한다고 되어 있다. 이번 법 개정은 과중 노동에 의한 건강장애 방지대책이 정한 종래의 잔업 기준을 '월 45시간 이상'에서 '월 100시간 이상'으로 크게 후퇴시킨 것이다.

이번 노동안전 위생법 등 '개정안'은 노동시간에 관해서는 기존의 시간 단축 촉진법을 폐지하고 '노동시간의 단축'을 '노동시간의 설정'으로 바꾸어 '노동시간 등의 설정 개선에 관한 특별 조치법'을 제정하려고 하고 있다. 법의 목적으로 보더라도 '시간 단축'이 빠지고 '사업주 등에 의한 노동시간 등 설정의 개선을 위한 자주적인 노력을 촉진하는' 것이 되었다. 이는 '연간 1,800 노동시간'이라는 정부의 목표를 방기하고, 노동시간의 설정을 '노사의 자주성'에 맡기는 것이다. 국회심의를 통해 개정 법안이 성립하면 노동안전 위생법의 일부를 제외하고 2006년 4월부터 실시될 예정이다.

노동시간의 개인화란

　　제4장 첫머리에서 1980년대 초반 이후 노동시간은 예전과 같이 표준화를 향하지 않고 다양화, 분산화, 개인화를 향하게 되었다고 기술했다. 여기에서 새삼스레 노동시간의 표준화와 대척점에 있는 '노동시간의 개인화'에 대해 살펴보려 한다.

　　노동기준법 제32조 제1항은 "사용자는 노동자에게 휴식시간을 제외하고 일주일에 40시간이 넘는 노동을 시켜서는 안 된다"고 명시하고, 제2항에서는 "사용자는 노동자에게 휴식시간을 제외하고 하루에 8시간이 넘는 노동을 시켜서는 안 된다"고 정하고 있다. 요컨대 '주 40시간, 1일 8시간'이 법정 노동시간이다.

　　이때 곧장 생기는 의문은 '왜 1주가 먼저 나오고 1일이 나중에 나오느냐' 하는 것이다. 처음부터 그랬던 것은 아니다. 1947년 노동기준법 제정 당시에는 1일의 기준이 먼저 나와 '1일 8시간, 주 48시간'이었다. 그것이 1987년 주 40시간제로 바뀔 때 '주 40시간, 1일 8시간'이되고, 그 기준으로 주가 먼저 나왔다. 그래서 1일은 주 5일·40시간의 배당 기준이 되었다. 이렇게 바꾼 목적은 1일 8시간의 기준을 완화해서 변형 노동시간제를 확대하는 것이다. 예컨대 3개월 중 2개월동안 하루에 7시간 일했다면 다른 1개월은 잔업 수당 없이 하루에 10시간 노동을 시켜도 좋다는 것이다.

　　위의 조문에서 알 수 있듯이, 법정 노동시간이란 법의 규정에 따라 사용자가 노동자에게 명할 수 있는 최장 노동시간을 말한다. 이것은 노동시간을 표준화하기 위한 기준을 제시했다는 의미에서 '표준노동시간'이라고 바꾸어 말할 수 있다. 주의해야 할 점은 이 경우의 기준은 노동시간의 '평균'을 의미하는 것이 아니라, 그것을 초과해 노동시켜서는 안 된다는 '상한'을 의미한다는 점이다. 도로교통법으로 말하면 속도초과 위반의 기준인 '최고속도'와 비슷하다.

산업이나 기업을 불문하고 일반적으로 노동시간을 주 40시간, 1일 8시간이라고 제한하는 것을 '노동시간의 표준화'라고 한다면, '노동시간의 개인화'는 글자 그대로 노동시간의 기준과 그것에 근거한 규제를 완화·철폐해 '1일 또는 1주에 몇 시간 일할까'를 개인의 자유로운 의사결정에 맡기는 것이다.

그러나 글자 그대로의 의미에서 노동시간의 개인화는 애초에 '일정한 고용관계에서 노동자가 사용자의 지휘명령을 받는 시간'을 의미하는 노동시간의 개념과 맞지 않는다. 노동계약에 의하면 노동자는 사용자의 지휘명령 아래 일정 시간 이상 일하는 것을 전제로 하기 때문에 일단 노동계약을 맺은 후에 노동시간을 정하는 것은 결코 개인의 자유라고 말할 수 없다.

노동기준법에 의하면 사용자는 타임카드나 IC카드* 등으로 노동시간을 파악할 수 있는 경우는 물론, 노동자의 자기신고로 파악할 수밖에 없는 경우를 포함해 노동자의 업무 개시 시각과 업무 종료 시

---

* 내부에 반도체 기반의 집적회로integrated circuit를 내장한 카드.

각을 적절하게 확인하고 기록해야 한다. 이른바 관리감독자나 재량 노동제의 적용 대상자는 이 확인·기록의 대상자는 아니지만, 사용자는 노동자의 건강 확보를 위해 적정한 노동시간을 관리할 책임이 있다.

'노동시간의 개인화'가 실제로 의미하는 바는 고용과 노동의 규제 완화를 통해 고용 형태, 따라서 노동하는 방식(노동당하는 방식)을 다양화하는 것일 뿐이다. 그렇기 때문에 법정 노동시간 또는 표준 노동시간의 적용 범위를 좁혀, 더 많이 돈을 벌고 싶은 사람이나 더 좋은 평가를 받고 싶은 사람에게는 더 오래 노동하는 것을 인정해준다. 이와 동시에 고용 형태의 다양화를 진행시켜 파트타임, 아르바이트, 파견 등 고용 기간이 한정된, 이른바 '써먹고 내다버리는' 임시 고용을 더욱 널리 용인한다. 그렇게 되면 하루에 5시간 일하는 사람이 있는가 하면 11시간 일하는 사람도 있어서 평균적으로는 법정 노동시간과 동일한 1일 8시간이라고 해도 그 8시간은 기준이라는 의미를 더 이상 띠지 못할 것이다.

이러한 규제완화가 앞으로 노동조합의 저항다운 저항도 받지 않은 채 진행된다면, 한편으로 안정된 수입을 얻기 위해 더욱 오랜 시간 일하고 싶어도 파트타임이나 아르바이트의 형태로 단시간밖에 일할 수 없는 노동자가 늘어날 것이다. 동시에 다른 한편으로는 사용자가 노동자에게 노동시간의 연장을 강요하는 것이 쉬워지고, 노동자가 자신이나 가족을 위해 노동시간을 단축하고 싶어도 장시간 일할 수밖에 없는 경우가 늘어날 것이다. 그렇다면 노동시간의 상한은 법률에 의해 규정된다기보다는 오히려 직장에서 자발적이든 강제적이든 실질적으로 가장 오래 일하는 사람에 의해 규정될 것이다.

'자발적인 과노동'을 어떻게 생각해야 할까

앞에서 서술한 내용은 오늘날 일본 사회를 볼 때 단순한 우려가 아니다. 그것은 이미 오래전부터 많은 직장의 현주소이다. 앞에서 살펴보았듯이. 사용자가 연간 1,000시간을 훨씬 넘는 잔업을 시켜도 처벌받지 않는 시간외 노동 협정(36협정)이 노동기본법의 시간 규제를 공동화하고 있기 때문이다.

노동시간의 개인화가 진행되면 '주 40시간, 1일 8시간'이라는 기준은 존재하지 않는 것이나 마찬가지이다. 그 대신 실제로 존재하는 상한은 '이것을 넘겨서 노동을 강요해서는 안 된다'는 기준, 아니 그보다는 더 이상 노동시킬 수 없는 지경, 즉 '죽을 만큼 일하다', '죽을 때까지 일하다'라고 할 때 '만큼'이나 '까지'가 가리키는 시간, 즉 과로사에 이르는 노동시간을 말한다.

대학 강의에서 과로사에 대해 토론했을 때 어떤 남학생이 "일하는 보람을 느껴서 자발적으로 일하다가 죽는다면 인생의 본뜻을 이루었다고 볼 수 있지 않을까요?" 하고 말했다. 이 말에 "네가 죽으면 부모님이나 애인이 슬퍼할 거야" 하고 반응하자 그는 발언을 철회했다. 하지만 과로사는 논외로 치더라도 이른바 '자발적인 과노동'에 대해서는 어떻게 생각해야 할까.

시간이나 고용계약에 얽매이지 않는 자유업이나 자영업은 예외로 두더라도, 업무에 관해서 '열중'이나 '열심'이라는 말과 함께 '몰두하다', '빠져들다' 등의 단어가 자주 쓰인다. '보람', '의욕'과 같이 충족감을 나타내는 말이 있는가 하면, '할 수 있다'는 승인 욕구나 '자랑', '명예'처럼 달성 동기를 나타내는 말도 있다. 그 일이 '좋다', '재미있다' 같은 표현도 자주 눈에 띈다. 이들 언어가 나타내는 마음의 움직임은 모조리 자발적인 과노동의 계기가 될 수 있다.

그럼에도 강제나 압력도 없고, 경쟁이나 장려도 없으며, 제도적 동기 부여도 없는 순수한 '자발적' 과노동은 거의 생각할 수 없다.

이 점에서 쇼어의 《지나치게 일하는 미국인》에서 소개한 사례를 참고할 수 있다. 아직 과노동이 심각한 문제가 아니었던 1970년대에도 미국 대기업의 대다수 관리직은 집으로 들고 가는 일거리를 포함해 주 60시간에서 70시간을 일했다. 고용주나 상사는 사원이 밤이든 토요일이든 일요일이든 일하기를 원했고, 그것을 당연하게 여겼다. 쇼어가 거론한 1980년대 사례를 보면, 사원은 '장시간 일하는 것을 꺼리느냐 아니냐'에 따라 평가를 받기 때문에 비록 아이를 갖고 싶어도 일을 그만두지 않는 이상은 아이를 가질 수 없다는 이야기가 나온다. 사원의 승급이나 승진에도 영향을 미치는 이러한 환경은 그 자체가 과노동을 유발하기에 충분한 압력 요인이다.

'정시'라는 관념이 희박하고 업무 종료 시각이 불명확한 직장이라면 말할 필요도 없지만, 어느 직장에든 대체로 밤늦게까지 맹렬하게 일하는 업무형 인간이 몇 명은 있는 법이다. 이러한 사실에 주목하면 과노동을 낳는 것은 고용주가 아니라 실은 같은 직장의 업무형 인간이라고 할 수 있을지도 모른다. 그러나 업무형 인간이 장시간 맹렬하게 일하는 것은 고용주가 그것을 환영하든가, 아니면 허용하기 때문이다.

만약 오후 7시에 사무실 문을 잠근다면 7시 이후 잔업은 불가능할 것이다. 그 경우 사원은 일거리를 집으로 가져갈지도 모른다. 그러나 사원이 '보따리 잔업'을 하는 것은 기꺼이 하든, 마지못해 하든, 그렇게 하지 않으면 끝낼 수 없을 만큼 업무량이 많거나 기대하는 성과를 달성할 수 없기 때문이다. 사원이 사무실에 남거나 집에 돌아가 잔업을 하는 것을 회사가 장려하지는 않더라도 용인한다면, 그것은 그것대로 과노동을 유발하는 요인이라고 볼 수 있다.

대법원의 판결로 본 사용자의 건강 배려 의무

과로사 및 과로 자살의 재판에서 종종 회사는 '매우 성실하게 열심히 일했다', '의무감이나 책임감이 강했다'는 이유를 내세워, 과노동에 희생당한 사원이 마치 자발적으로 이러한 상황에 내몰린 것처럼 슬쩍 빠져나가려고 하는 경우가 있다.

2000년 3월 24일, 가와히토 히로시川人博 변호사가 대리인을 맡은 최고재판소의 '덴쓰* 청년사원 과로 자살 소송'에서 회사 측은 과로 자살한 사원이 일에 몰두하는 성격이고 의무감이 강했다는 점을 자살의 심인적心因的 요인으로 고려해야 한다고 주장하면서 책임을 회피하려고 했다. 판결문도 희생자에 대해 "명랑 쾌활한 성격으로 솔직하고 책임감이 있었으며, 또 업무에 끈기 있게 매달리는 등 이른바 완벽주의 경향이 있었다"고 지적했다. 그렇지만 최고재판소는 희생자의 성격이 통상 상정되는 '노동자의 다양한 개성' 범위 안에 있다고 보았다. 그래서 회사 측의 주장을 각하하고 유족 측의 호소를 전면적으로 인정함으로써 노동자에게 과노동을 강제하고 심신에 대한 건강 배려 의무를 소홀하게 여긴 회사 측을 엄중하게 질책하는 판결을 내렸다. 이 일은 판결문에 있는 아래 대목과 더불어 사용자의 뇌리에 깊이 새겨져야 한다.

노동자가 노동일에 장시간에 걸쳐 업무에 종사하는 상황이 계속되면서 피로와 심리적 부하 등이 과도하게 축적되면, 노동자의 심신 건강을 훼손할 위험이 있다는 것은 주지하는 바이다. 노동기준법은 노동시간에 관한 제한을 정해두었고, 노동안전 위생법 65조의 3은 작업의 내용 등을 특히 한정하는 일 없이 동법이 정한 바 사업자는 노동자의 건강을 배려

---

* 주식회사 덴쓰電通는 TV광고, 인쇄물 광고를 주력으로 하는 일본 기업으로서 영국의 WPP그룹과 함께 세계 최대의 매출을 올리는 광고회사이다.

해 노동자가 종사하는 작업을 적절하게 관리하도록 노력해야 한다고 정해놓았다. 그것은 위와 같은 위험이 발생하는 것을 방지하려는 목적에서 나온 것으로 해석된다. 이런 점에서 보면 사용자는 고용한 노동자가 종사해야 할 업무를 지정하고, 이것을 관리할 때 업무 수행에 따르는 피로나 심리적 부하 등이 과로하게 축적되어 노동자의 심신 건강을 훼손하는 일이 없도록 주의할 의무가 있다고 해석하는 것이 타당하다. 사용자를 대신해 노동자에 대해 업무상 지휘 감독을 행할 권한을 가진 자는 사용자의 위와 같은 주의 의무 내용에 따라 그 권한을 행사해야 한다.

제5장

노동기준과 라이프스타일

노동시간의 역사를 돌아보다

제5장의 과제는 노동기준과 라이프스타일에 대해 고찰함으로써 과노동에서 빠져나올 출구를 찾는 것이다. 그렇지만 그 전에 우선 노동시간의 역사를 간단하게 되짚어보자.

우리는 물이 높은 곳에서 낮은 곳으로 흐르는 것처럼, 시간이 지남에 따라 노동시간이 점점 더 짧아졌다고 생각하기 쉽다. 사실은 그렇지 않다. 이 책에서 살펴보았듯이, 전 세계적으로 노동시간은 최근 들어 길어지는 경향조차 보인다. 그러면 과거에는 어떠했을까?

원시시대의 인류가 모든 활동 시간을 수렵이나 식량 채집에 할당했던 것은 아니다. 경제인류학이 가르쳐주는 바로는 원시 수렵사회에 살았던 사람들은 현대인의 상상과 달리 하루이틀 일하고 하루이틀 쉬거나, 며칠 몰아서 사냥하고 며칠 몰아서 쉬는 생활을 했다고 한다. 마셜 살린스Marshall Sahlins의《석기시대 경제학》*은 인류 시원의 '풍족한 사회'를 오늘날에도 살고 있는 수렵·채집민을 조사하고 기록했는데, 오스트레일리아의 선주민은 하루에 4~5시간 일하고, 콩고의 부시맨은 주에 이틀 내지 하루 반쯤 일하고(하루 6시간 노동), 나머지는 어슬렁어슬렁 지낸다는 예를 들고 있다.

제1장에서 다루었던 줄리엣 B. 쇼어의《지나치게 일하는 미국인》은 유럽의 중세부터 근대의 노동시간 연구를 소개한다. 그에 따르면 중세의 영국 농민은 하루 종일, 즉 해가 뜨고 질 때까지 일했다. 하지만 당시 노동시간에는 주야 구별이나 계절, 풍우 등 자연적 제약뿐 아니라 축제일, 안식일 등 관습적 제약도 있었다. 축제로 인한 비非노동일만 하더라도 1년에 거의 3분의 1이 되었다고 한다.

자크 아탈리Jacques Attali는《시간의 역사》에서 18세기 초반 프랑스의 일반적인 직공은 일요일, 축제일, 기후에 따른 휴일, 대시大市**, 병결 등으로 연간 180일밖에 일하지 않았다고 기술한다.

영국에서는 18세기 후반에 산업혁명이 일어나면서 노동시간이 돌발적으로 연장되기 시작했고, 19세기 전반 노동자는 하루 평균 12시간, 주 70시간이나 일했다. 일본의 산업혁명은 메이지유신이 일어난

---

* Marshall Sahlins, Stone Age Economics, Routledge, 2005. 한국어판은 박충환 옮김, 한울아카데미, 2014.
** 중세 중기, 후기 유럽에서 외래 상인이 자유롭게 교역할 수 있었던 정기 시장. 보통 6주마다 열려 원격지 상업, 신용제도, 환전 업무 등의 발전에 기여했다.

지 얼마 안 되는 1880년대부터 20세기를 맞이할 때까지 방적업, 광산업, 철도업, 제철업 등 산업이 발전한 시기를 가리킨다. 일본의 노동시간도 이 시기부터 본격적으로 길어진다.

일본인에 대해서는 에도시대 농민을 예로 들어 본래부터 '근면한 민족'이기에, 현대 일본인의 과노동이 이러한 '농경민족'의 '국민성'에 뿌리 내린 것이라는 주장도 있다. 과연 그러할까.

쓰노야마 사카에角山榮의 저서 《시계의 사회사時計の社会史》(1984년)에 따르면, 에도시대는 이미 시간을 기준으로 생활했다. 그러나 그 시간은 자연의 리듬에 따랐다. 시간은 현대와 달리 계절에 의해 길어지고 짧아졌다.

당시는 해가 뜨고 질 때까지의 낮 시간과 해가 지고 다시 뜰 때까지의 밤 시간을 각각 6등분하고, 그 단위를 일각一刻이라고 불렀다. 일각은 평균적으로 2시간인데, 낮과 밤 시간은 계절과 더불어 변했다. 낮의 일각은 여름은 길지만 겨울은 짧다. 밤은 그 반대다. 12각으로 이루어진 하루의 각 일각에는 한밤중을 기점으로 자子부터 해亥까지 12간지로 나뉘었다. 시간의 최소 단위는 '4반각'(이것도 계절에 따라 변화하는데 평균적으로 30분)이고, 분이나 초 관념은 없었다.

일본에서도 시간에 얽매인 생활이 시작되고, 계절에 관계없이 하루 12시간 또는 그 이상에 이르는 장시간 노동이 나타난 것은 자본주의의 도입으로 기계에 기초한 공장 생산이 시작된 메이지 중기 무렵 이후로 볼 수 있다.

19세기 말부터 20세기 초에는 오늘날 말하는 과로사가 중대한 문제로 떠오른다. 1901년에는 사회운동가 가타야마 센片山潛이 편집장을 맡았던 노동조합 기성회의 기관지《노동세계》가 시바우라芝浦제작소와 오키沖전기 등에서 20대와 50대 남성이 과노동으로 사망한 사고를 다루었다. 이 잡지는 그 사건을 '과로의 결과로 인한 쇠약과 급사'라고 하면서 "이제 노동운동은 임금의 문제나 권리의 문제가 아니라 생명의 문제"라고 논했다.

당시 농상무성의 조사 보고서인《직공 사정》(1903년)은 직물공장의 여성 노동자 상태를 다루는 장에서 "1일 노동시간은 짧아도 12~13시간 아래로 내려가지 않고, 길게는 17~18시간에 이르는 일도 있다", "일단 정해진 기간을 만료하고 귀향할 때는 과도한 노동의 결과 대다수는 맥이 빠지고 병을 일으키며, 심할 때는 죽음에 이르는 사람도 왕왕 있다"고 기술한다.

노동시간의 제한과 단축 행보

영국에서 과노동에 의한 건강 파괴로부터 노동자를 보호하기 위해 노동시간을 제한하고 단축한 기점은 1833년 공장법 제정 이후였다. 이 법률로 영국은 공장감독관 제도를 도입했다. 동시에 이 법률은 9세 미만의 아동 고용을 금지하고, 어린이(9세부터 13세 미만)와 연소자(13세부터 18세 미만)의 공장노동을 아침 5시 반부터 밤 8시

반 범위로 제한하고 어린이의 최고 노동시간을 8시간으로 정했다.

1847년에는 10시간법이라고 부르는 공장법이 성립하고, 연소자와 여성의 노동을 10시간으로 제한했다. 그 후 일진일퇴를 반복하면서 1860년대 후반에는 연소자나 여성뿐 아니라 남성을 포함한 모든 노동자에 대해 10시간 노동제를 적용하기에 이르렀다.

그 무렵 영국의 노동조합 가운데 8시간 노동제를 요구하는 조합도 나타나 8시간 노동을 요구하는 운동이 출범했다. 칼 마르크스가 지도한 국제노동자협회는 제네바에서 열린 1866년 제1회 대회에서 "우리는 노동일(하루 노동시간)의 제한이, 그것 없이는 모든 개선과 해방의 시도가 실패로 끝날 수밖에 없는 선결 조건임을 선언한다. …… 우리는 노동일의 법정 한도로서 8시간 노동을 제기한다"고 결의하고 8시간 노동제를 세계 노동운동의 목표로 삼을 것을 결정했다.

메이데이May Day의 기원이 된 1886년 5월 1일에는 미국 노동자와 노동조합이 시카고, 뉴욕, 보스턴 등에서 8시간 노동제를 요구하며 파업을 일으켰다. 뉴질랜드와 오스트레일리아에서는 여성에 한하여 1870년대에 8시간 노동이 법률로 정해졌다. 일국의 일반법으로는 1917년 10월 러시아혁명에 의해 세계 최초로 8시간 노동제가 공포되었다. 1919년에는 탄생한 지 얼마 안 되는 ILO가 공업 분야의 노동시간은 1일 8시간, 주 48시간을 넘어서는 안 된다는 제1호 조약을 채택했다.

그 후 1936년에는 프랑스 인민전선 내각 아래 주 40시간과 2주간의 연차 유급휴가를 정한 '바캉스 법'이 성립했다. 제2차 세계대전 후 서유럽 나라에서 정부와 노동조합이 장기간에 걸쳐 노동시간 단축에 대처함으로써 오늘날 세계의 많은 나라는 주 5일제(주휴 2일제)를 전제한 주 40시간제(발전한 나라에서는 35시간제)가 정착하고, 연차 유급휴가는 연간 20~30일이 되었다. 대략적으로 말하면 1850~1870년 무렵에는 연간 3,000시간을 넘었던 선진국의 노동시간은 1980~1990년 무렵까지 나라별로 짧게는 1,500시간대, 길게는 (일본은 예외) 2,000시간대까지 줄었다.

ILO의 노동기준과 일본의 노동기준법

유럽과 일본의 노동방식에서 차이를 단적으로 보여주는 것은 연차 유급휴가(이하 '연휴'로 총칭)이다.

일본의 연휴 취득 상황은 일방적으로 나빠지고 있다. 1980년에 61퍼센트였던 취득률은 그 후 높아지기는커녕 2004년에는 47퍼센트로 내려갔다. 취득하지 않은 채 권리가 없어지는 연휴의 총일수는 연간 약 4억 일이나 된다. 겨우 취득한 연휴도 실제로는 여가 목적의 연속휴가가 아니라 병결이나 육아, 간호 등 개인적인 용무를 보는 데 많이 쓰인다. 본래 병결은 연휴와는 별도로 유급이고, 육아와 간호 등을 위한 임시휴가나 단축근무는 현행 육아·간호 휴업제도를 확충해서 노동자가 취득하기 쉽도록 해야 한다.

죽도록 일하는 사회

여가 목적의 연휴 취득을 방해하는 요인은 대체 인력이 없다는 것, 100퍼센트에 가까운 비정상적인 출근율을 전제로 인력을 정해 놓는다는 것, 연휴를 받으면 인사 고과에 마이너스로 반영되어 상여나 승진에 불리해지는 것, 눈치가 보여서 회사가 지정한 휴일 이외에는 쉴 수 없다는 것, 휴가가 추석·설날·골든위크ゴールデンウィーク* 에 극단적으로 집중되어 있다는 것, 1일이나 1시간 단위로 신청하는 것을 인정하는 한편 휴가의 연속성이 없다는 것 등의 사정을 지적할 수 있다.

또한 노동기준법은 아르바이트나 파트타임이라도 고용한 날부터 6개월 동안 근무하고, 전체 노동일의 80퍼센트 이상 출근한 경우에 청구한다면, 근무시간 수와 출근일 수와 계속근로기간에 비례해 연휴를 취득할 수 있다고 정하고 있다(예를 들어 1일 4시간, 주 4일, 6개월 일한 경우는 연 7일의 휴가). 그러나 아르바이트나 파트타임 가운데 연휴를 청구하는 사람은 아주 소수뿐이고, 고용주도 아르바이트나 파트타임에게 이를 촉구하는 일은 거의 없는 실정이다.

유럽에서는 법률이나 노동협약에 의해 연간 20일에서 30일의 유급휴가를 받고, 2~3주 이상 연속휴가를 1년에 2회 정도 취득하는 것이 일반적이다(〈그림 5-1〉). 이에 비하면 일본은 매우 빈약한 수준이라고 할 수 있다. 자유시간 디자인협회가 2002년에 실시한 〈휴가에 관

---

* 일본에서 4월 말부터 5월 초까지 공휴일이 모여 있는 주간.

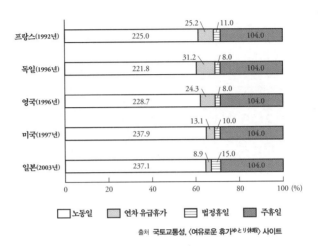

〈그림 5-1〉 연간 휴일 등의 국제 비교

프랑스(1992년) 225.0 / 25.2 / 11.0 / 104.0
독일(1996년) 221.8 / 31.2 / 8.0 / 104.0
영국(1996년) 228.7 / 24.3 / 8.0 / 104.0
미국(1997년) 237.9 / 13.1 / 10.0 / 104.0
일본(2003년) 237.1 / 8.9 / 15.0 / 104.0

0   20   40   60   80   100 (%)

☐ 노동일   ☐ 연차 유급휴가   ☐ 법정휴일   ■ 주휴일

출처 국토교통성, 〈여유로운 휴가ゆとり休暇〉 사이트

한 국민의 의식·요구에 관한 조사〉에 의하면 일본에서는 연휴 이외에
회사가 지정한 특정휴가—골든위크, 추석, 연말연시—를 포함해 유
직자 중 1년간 2주 이상 연속휴가를 취득한 사람은 겨우 3.5퍼센트에
불과하다. 전체의 40퍼센트는 4일 이상~일주일 미만밖에 취득하지
못했고, 30퍼센트는 4일 이상 연속휴가가 한 번도 없었다.

이미 1970년에 발효한 ILO 132호 조약은 병결을 연휴에 포함하
지 않고, 휴가는 최저 3주간 이상이며, 그중 최저 2주간은 연속휴가
여야 한다고 정해놓았다. 그러나 일본에서는 이에 대응하는 국내법
이 정비되지 않은 탓에 아직도 이 조약을 비준하지 못하고 있다.

죽도록 일하는 사회

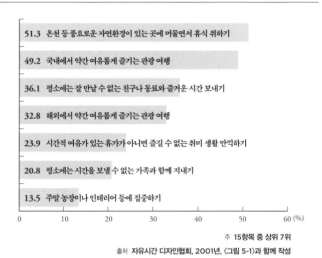

〈그림 5-2〉 2주간 연속휴가를 보내고 싶은 방식

51.3 온천 등 풍요로운 자연환경이 있는 곳에 머물면서 휴식 취하기

49.2 국내에서 약간 여유롭게 즐기는 관광 여행

36.1 평소에는 잘 만날 수 없는 친구나 동료와 즐거운 시간 보내기

32.8 해외에서 약간 여유롭게 즐기는 관광 여행

23.9 시간적 여유가 있는 휴가가 아니면 즐길 수 없는 취미 생활 만끽하기

20.8 평소에는 시간을 보낼 수 없는 가족과 함께 지내기

13.5 주말 농장이나 인테리어 등에 집중하기

0　　　10　　　20　　　30　　　40　　　50　　　60 (%)

주 15항목 중 상위 7위

출처 자유시간 디자인협회, 2001년, 〈그림 5-1〉과 함께 작성

ILO 조약 중에 일본이 비준한 것은(2004년 3월 기준), 185조약 중에 46조약으로 전체의 4분의 1에 지나지 않는다. ILO가 1986년에 채택한 '석면asbestos 사용 안전에 관한 조약'의 비준에 일본 국회가 움직인 것은 희생자의 급증이 커다란 문제가 된 2005년 7월이었다. 8시간 노동제를 제정한 1919년의 제1호 조약은 86년이 지난 지금도 비준하지 않은 상태이다. 이는 1947년 제정한 일본의 노동기준법이 표면적으로는 8시간 노동제를 도입하면서도 조약이 정한 한도를 초과해 몇 시간이든 시간외 노동(잔업)을 용인하고 있기 때문이다.

'ILO 조약 비준을 추진하는 모임'이 펴낸 'ILO 활용 가이드북'이

라고 칭하는 《국제노동기준으로 일본을 바꾸다國際労働基準で日本を変える》(1998년)라는 책이 있다. 이 책에도 나오듯 일본은 노동시간에 관한 ILO 조약은 한 조항도 비준하지 않았다. 이래서는 노동시간에 관한 국제노동기준이 일본에는 존재하지 않는다고 말할 수밖에 없다. '글로벌스탠더드Global Standard'는 일본식 영어인데, 일본의 노동시간 기준에 대해 요구해야 할 것은 실로 ILO의 글로벌스탠더드이다.

노동기준법을 유명무실한 법으로 만든 36협정

1947년에 제정한 일본의 노동기준법은 원래 18세 이상 여성의 잔업을 1일 2시간, 1주 6시간, 1년 150시간이라고 제한했다. 또 몇몇 예외를 제외하고는 여성의 심야 작업을 원칙적으로 금지했다. 이들 규제는 최근 몇 번의 수정을 통해 완화되어 1997년 남녀고용기회균등법의 개정에 따라 1999년 4월부터 철폐되기에 이르렀다.

여성에게만 취업 제한이나 취업 금지를 적용하는 보호 규정이 고용에 따른 여성 차별을 조장한다는 측면에서 바라봤을 때, 이러한 철폐는 정당하게 보인다. 그러나 여성에게 유해한 것은 대체로 남성에게도 유해하다. 여성은 1일 8시간이 바람직하지만 남성은 1일 10시간이라도 무관하다는 주장은 있을 수 없다. 그렇게 생각하면 하루의 생활 리듬을 중시한 노동시간 규제로서 남녀의 구별 없이 원칙적으로 1일 2시간까지로 잔업을 제한하고, 법정 노동시간이 실효성을 갖도록 하는 방향을 모색해야 할 것이다.

이는 결코 불가능한 일이 아니다. 유럽의 대부분 나라는 법률이나 노동협약에 의해 잔업을 1일 2시간으로 제한하거나, 혹은 잔업을 포함한 1일 노동시간을 10시간으로 제한하고 있다.

유럽에 비하면 일본의 잔업 실태는 지나치게 방임적이다. 앞서 말한 대로 노동기준법은 잔업 규제에 관해서는 완전히 구멍 투성이이고, 이 법의 36조에 의해 사용자가 노동조합이나 종업원 조직과 협정을 맺어 노동기준감독서에 제출하면, 시간외 및 휴일에 몇 시간이든 일을 시켜도 처벌받지 않는다. 이래서는 심하기 그지없기 때문에 최근 후생노동성은 36협정으로 인정되는 노동시간의 연장 한도를 1주 15시간, 2주 27시간, 4주 43시간, 1개월 45시간, 2개월 81시간, 3개월 120시간, 1년 360시간으로 정했다(1998년 고시 154호). 이는 노사가 고려해야 할 기준 시간을 정한 종전의 지침보다는 나을지도 모른다. 그러나 법적 구속력이 없고, 36협정을 제출하는 창구인 노동기준감독서의 조언·지도의 기준 이상은 아니다.

그렇다고 해도 1주 15시간으로 정한 근거는 무엇일까? 주 5일로 평균을 내면 1일 3시간 잔업은 허용된다는 말일 것이다. 혹은 1주일에 15시간을 넘지 않으면 1일 15시간 잔업도 용인한다는 말일까? 틀림없이 용인할 것이다.

나는 연간 3,600시간 이상 일하다가 1988년에 48세의 나이로 과로사한 히라오카 사토루 씨의 가족이 제기한 소송을 지원한 적이 있다. 그가 일하던 공장은 '하루에 연장할 수 있는 노동시간'을 '남자 5시간, 여자 2시간'으로 정하고, "단 남자의 경우는 생산공정의 형편에 따라 기계의 수리, 보전 등의 작업에는 15시간 이내의 시간외 노동을 시킬 수 있다"고 하는 36협정을 맺었다(졸저,《기업 중심 사회의 시간 구조》). 이에 따르면 통상적인 구속 9시간(실제 노동 8시간, 휴식 1시간)에 15시간 이내의 잔업을 시킬 수 있기 때문에 1일 24시간 노동 강제도 가능할 것이다.

이제는 남녀별로 상이하게 노동시간을 연장하는 일이 인정받지 못한다. 그러나 그 점을 제외하면 36협정의 연장시간 규정은 지금도 별반 다를 바 없다.

2003년 2월 노동기준 옴부즈맨이 오사카 중앙노동기준감독서에 대해 관할 기업의 36협정을 공개하라고 청구했다. 그 결과 약 600개 사업장의 협정이 회사명을 시커멓게 지운 상태로 부분 공개되었다. 그중에는 휴일 노동을 제외하고 연간 900시간, 1,000시간, 나아가 1,400시간이라는 장시간 연장을 인정하는 협정을 맺은 예가 많았다. 1일 연장시간에 대해서는 13시간, 13시간 30분, 14시간 등이다(〈그림 5-3〉). 이러한 사실에 비추어보면 기업에 관대한 연간 360시간이라는 후생노동성의 느슨한 제한조차 실효를 거두지 못하고 있다고 말할 수밖에 없다.

또한 그 후 노동기준 옴부즈맨은 36협정이 노동자의 생명, 건강, 생활을 보호하기 위해 해당 기업명도 포함해 공개할 필요가 있다고

〈그림 5-3〉 연간 1,000시간까지 연장을 인정하는 36협정

사업의 소재지					
[redacted]					
소정 노동시간	연장하는 것이 가능한 시간			기간
	1일	1일을 넘는 일정한 기간	기산일	
4주간을 평균한 1주간에 37시간 30분	13시간 40분	•1개월 45시간 •1년간 360시간 •단 [redacted] 노동조합과 맺은 협의에 의해 1개월 최대 150시간까지, 1개월 최대 1,000시간까지 연장할 수 있다.	4월 1일	2002년 4월 1일부터 2003년 3월 31일까지
		•2주간 12시간 1년간 150시간		
소정 휴일	노동시킬 수 있는 휴일 및 업무 개시 및 업무 종료의 시각			
주휴일 및 휴일	주휴일 및 휴일은 8:30~17:00로 한다. 단 업무의 형편에 따라, 어려운 경우는 0:00~24:00의 범위에서 실시할 수 있다.			

大阪中央 労働基準監督署 平 14.4.-3 第 号 受付

보아 오사카 노동국에 소송을 제기했다. 이에 오사카 지방재판소는 2005년 3월 원고의 제소를 받아들여 기업(사업장)명의 비공개를 취소하는 판결을 내렸다. 이 판결은 국가가 항소하지 않았기 때문에 확정되었다.

미국의 '워크·라이프·밸런스'

과노동이 심각해진 미국과 영국에서는 최근 들어 '워크·라이프·밸런스'라는 말을 자주 한다. 박조안숙자의 《회사 인간이 회사를 망친다—워크·라이프·밸런스의 제안会社人間が会社をつぶす—ワーク・ライフ・バランスの提案》(2002년)에 의하면, 미국의 대기업은 과노동에 따른 스트레스, 번아웃 증후군burnout syndrome*, 사기 저하, 육아에 곤란을 겪는 문제 등에 직면하면서 생산성 향상이나 인재 확보를 위해 워크·라이프·밸런스에 대처하는 경우가 많다고 한다.

구체적으로는 근무 형태, 육아, 가족 돌봄, 전근, 건강, 카운슬링, 보험, 휴가, 교육 등 다방면에 걸쳐 지원책을 준비해놓고 있다. 근무 형태의 핵심은 탄력시간제 업무flex work, 즉 유연한 노동방식의 채용이다. 이를 위해 ①탄력시간제(예컨대 코어타임core time**인 11시부터 14시를 포함하면 자유롭게 조정할 수 있다), ②재량노동제(다만 1일 8시간 이상, 잔업 수당 없음), 압축노동 주(예컨대 1일 10시간×4일로 주 40시간 일함), 단축근무(육아·가족 돌봄을 이유로), 일감 나누기job sharing(하나의 업무를 둘이서 분담), 텔레워크(정보통신을 이용한 재택근무) 등이다.

미국의 인사관리협회가 진행한 2000년 조사에서 탄력시간제는 58퍼센트, 압축노동 주는 31퍼센트, 텔레워크는 37퍼센트의 기업이

---

* 의욕적으로 일하던 사람이 극도의 신체적·정신적 피로감을 호소하며 무기력해지는 현상.
** 일하는 시간을 사원의 자율에 맡기는 근무 제도에서, 전체 회사원이 공통으로 근무하는 시간대.

실시하고 있다. 그러나 이는 기업이 해당 프로그램을 마련해놓은 비율일 뿐, 종업원이 실제로 이용하는 비율은 수치보다 훨씬 낮을 것으로 여겨진다.

문제는 그보다도 육아 지원을 위한 사내 보육소 정비든, 전근 지원을 위한 배우자 일터나 아이의 학교 찾기든, 이들 프로그램을 기업의 주도권 아래 제공한다는 점이다. 이때 의도하는 바는 노동시간의 표준화가 아니라 다양화·분산화·개인화이다. 그 결과 노동시간의 개인차가 커지고 사원이 근무 형태를 선택할 여지가 확대되어도, 사원 전체의 노동시간을 단축하여 과노동을 방지하는 방도는 되지 못한다. 이들 프로그램이 순조롭게 진행되는 경우에도 장시간 노동의 원인은 그대로 남아 있고, 따라서 그것이 초래하는 노동과 생활의 일그러짐을 조정하지는 못한다.

영국의 '워크·라이프·밸런스'

영국의 워크·라이프·밸런스에 대한 대처는 2000년 3월 무역산업성에 의해 '워크·라이프·밸런스 캠페인'으로 시작되었다.

이 책의 제1장에서는 '노동자 6명 중 1명은 주 60시간 이상 일하는' 영국인의 치열한 노동방식에 관한 2002년 무역산업성의 조사결과를 소개했다. 이 조사는 앞서 말한 캠페인이 실시한 것이다.

영국의 노동시간은 EU 회원국 중에서도 지극히 길다. 영국에서는

1990년대 중반부터 호황이 이어지고 실업률은 1993년의 10퍼센트 대에서 2004년 4퍼센트대로 낮아졌다. 이러한 경기 요인과 더불어 다른 나라와 마찬가지로 노동시간의 양극화 영향까지 더해져, 이 시기에 장시간 노동에 의한 건강장애가 심각해졌다. 정부의 '위생안전위원회사무국' 자료에 따르면 업무 스트레스와 관련한 병결 비용은 연간 3억 7,000만 파운드, 결근 일수는 9,100만 일에 이르렀다. 또 여성의 취업률이 월등히 높아지고 장시간 노동이 확대되어, 여성의 취업 지원과 함께 맞벌이 가정의 육아 지원이 커다란 사회적 과제로 떠올랐다.

이러한 가운데 장시간 노동과 건강문제에 대한 대처, 일하기 편한 환경의 정비, 유연한 노동방식의 선택지 확대, 맞벌이 부부의 육아 지원 등을 위해 시작한 것이 '워크·라이프·밸런스 캠페인'이다.

일과 생활의 조화에 관한 영국의 대응은 정부가 관여한다는 점에서 민간에게 떠맡기는 미국과 양상이 다르다. 그러나 영국의 캠페인이 주로 중점을 두는 것은 미국과 마찬가지로 탄력시간제 업무, 즉 유연한 노동방식이다.

무역산업성이 권장하는 유연한 노동방식은 '연간 노동시간 계약제', '압축노동 시간제', '일감 나누기'와 같이 미국과 매우 비슷한 선택지가 구체적인 예로 꼽힌다. 자녀의 방학 기간 중에 무급 휴가를 받는 지원책도 있고, 2002년 고용관계법 시행(2003년 4월) 이후 태어난 자녀의 부친은 아이가 태어난 후 8주 이내에 2주간 유급휴가를 받는

죽도록 일하는 사회

지원책도 있다. 여성에게는 26주간의 출산휴가, 또 같은 고용주 아래 6개월간 계속 근무하는 경우에는 최장 26주간의 추가 출산휴가를 인정한다.

2002년도《남녀공동 참획백서》에 의하면 영국은 1999년에 법률 상 육아휴업제도를 도입했지만, 자녀가 5세가 될 때까지 13주간, 1년에 최대 4주밖에 휴가 기간을 보장받지 못하고, 휴가 기간 중 소득보장제도도 없다. 일본은 자녀가 1세가 될 때까지 육아휴직을 법적으로 보장하고, 휴직 기간 중 소득은 고용보험에 의해 40퍼센트를 보장한다. 또 자녀가 3세가 될 때까지는 사용자에게 근무시간 단축 등의 조치를 강구할 의무를 부과한다.

후생노동성에 설치한 '일과 생활의 조화에 관한 검토 회의'의 사이트에 나와 있는 정보에 따르면, 영국의 '워크·라이프·밸런스'에 대한 대처는 기업과 노동자 쌍방에 도움이 된다고 설명한다. 기업이 얻는 이득은 동기 부여가 높고 스트레스가 적은 노동력을 확보할 수 있다는 점이다. 자세하게 말하면 최대한 활용하는 노동력, 스트레스가 적은 직장 환경, 충성심과 의욕이 있는 노동력 확보, 중장년 파트타임을 포함한 폭넓은 지원자 획득, 생산성 향상, 장기 결근 감소, 다양한 선택지가 있다는 평판 획득, 우수한 사원 확보 등을 기대할 수 있다.

노동자가 얻는 이득은 일과 가정 양쪽에서 행복을 느낄 수 있다는 점이다. 구체적으로는 책임감의 향상과 경영 감각, 경영자와의 돈독한 관계, 자존심·건강·집중력·자신감의 향상, 충성심과 책임감, 일과 가정의 구별, 생활시간의 증가, 직업생활의 자기관리 등을 기대할 수 있다.

이렇게 말하면 꽤 좋게 들리지만, 노동시간의 제한과 단축이라는 중요한 문제에는 미치지 못하고 있다. 영국은 공장법의 모국이면서도 오랫동안 법정 노동시간이 없는 나라였다. 그런데 EU의 노동시간 규제에 따라 1998년 주 48시간의 상한을 정한 노동시간 규칙을 도입했다. 그럼에도 노동자가 주 48시간을 넘겨 일하기를 원할 때는 노동자의 동의를 얻어 이 한도의 적용을 제외하는 것을 인정하고 있다. 영국산업연맹CBU, Confederation of British Industries의 조사를 보면 영국 노동자의 3분의 1이 동의서를 제출하고 있다고 한다.

이 점을 불문에 붙인 '워크·라이프·밸런스 캠페인'이 장시간 노동의 시정에 얼마나 효과를 거둘 수 있을지는 의심스럽다. 무역산업성의 조사에서는 약 60퍼센트의 노동자가 '워크·라이프·밸런스'에 대한 대응을 지지하지만, 노동자 4명 중 1명(25퍼센트)은 더 나은 밸런스를 희망하면서도 그것이 '자기들의 경력에 흠이 된다'고 생각한다.

유연한 노동방식의 선택지를 확대하는 것은 일과 생활의 조화를 위해 필요하다. 그렇지만 주 60시간을 초과하는 장시간 노동을 그대로 둔 노동방식의 선택지 확대는 앞에서 일본의 경우를 통해 증명된 바와 같다. 다시 말해 파트타임, 파견, 계약 사원 등을 증가시키는 한편 정사원의 과노동을 조장해 노동시간을 양극화시킬 우려가 크다.

그러므로 노동시간을 무차별적으로 비표준화―다양화, 분산화, 개인화―할 것이 아니라 이제까지 해왔듯 1일 8시간, 주 40시간이라는 법정 한도를 유지하고, 그것을 넘길 경우에도 '워크·라이프·밸런스'를 훼손하지 않는 범위에서 잔업시간을 제한하는 것이 중요하다.

노동시간은 라이프스타일

1990년에 과로사변호단 전국연락회의過勞死弁護団全国連絡会議의 편집으로 전반부는 일본어, 후반부는 영어로 된《KAROSHI(과로사)》라는 책이 나왔다. 후반부는 영어판 단행본으로도 나왔다. 이 편집의 중심인물인 가와히토 히로시 변호사의 권유로 내가 담당한 '일본의 노동시간'에 관한 장에는 영어로 "The Life Style of Japanese Workers"라는 제목을 달았다. 영어권 사람들의 시각으로 보면 노동시간은 그야말로 라이프스타일이라 할 수 있다.

영국의 경영학자 N. 올리버와 B. 윌킨슨의 공저인《영국 산업의 일본화》(1988년)는 대처 정권 아래 일본식 경영을 도입하고 일본 기업의 진출이 이어진 1980년대 후반의 영국 사회를 연구한 책이다. 이 책의 제2판(1992년)에서는 '모리오카의 결론'이라고 해서 일본의 라이프스타일에 관한 위의 졸고를 다음과 같이 인용하고 있다.

일본에서는 한창 일할 나이의 남성이 활동적 생활시간을 거의 전부 회사를 위한 노동시간에 빼앗기기 때문에 가정 내 생활과 노동에 참가할 시간이 남지 않는다. 이때 가사와 육아의 거의 모든 부담은 여성이 떠안게 된다. 그 결과 대다수 여성은 일중독 남성을 대신해 모든 시간을 가정을 지키는 데 할애해야 하고, 일을 하려고 하면 파트타임 노동자로서 할 수밖에 없다.

이 글을 쓴 지 10여 년이 더 지났다. 그러나 '남자는 잔업·여자는 파트타임'이라는 특징을 띠는 일본인의 라이프스타일은 지금도 그다지 달라지지 않았다. 아니, 달라지기는커녕 1990년대 초반보다 기혼 여성의 취업률이 높아짐으로써 일하는 여성 전체로 볼 때는 직장과 가정의 마찰이 더욱 심해졌다.

일본의 여성은 이중적인 의미에서 세계의 선진국 중 가장 과노동에 시달린다. 조금 오래된 자료지만, NHK 방송문화연구소 여론조사부가 편집한 《생활시간의 국제비교》(1995년)에 의하면 일본, 캐나다, 미국, 영국, 핀란드 등 5개국 여성 중에서 일본 여성이 가장 오랜 시간 일하고 있다(〈표 5-1〉). 게다가 일본 여성은 다른 나라의 여성과 거의 비슷하든가, 아니면 그 이상의 시간을 가사노동에 들이고 있다. 그렇기 때문에 가사노동 시간을 더한 '광의의 노동시간'으로 보면 5개국 남녀 전체 노동자 가운데 일본 여성이 가장 많이 일하고 있다. 5개국 중 단연 노동시간이 긴 일본의 남성도 고용노동과 가사노동을 합한 '광의의 노동시간'으로 보면 일본의 여성을 따라가지 못한다. 이렇게

<표 5-1> 직장인의 1주간 노동시간과 가사시간

(단위: 시간, 분)

		일본	캐나다	미국	영국	핀란드
남성	노동시간	52.44	44.13	45.09	36.38	39.33
	가사시간	3.37	11.33	13.25	14.35	13.18
	합계 시간	56.21	55.46	58.34	51.13	52.51
여성	노동시간	39.19	37.20	33.57	25.26	30.27
	가사시간	24.23	20.18	23.55	25.12	23.48
	합계 시간	63.42	57.38	57.52	50.38	54.15

출처 NHK 방송문화연구소 여론조사부, 《생활시간의 국제비교》 1995년

볼 때 남녀 공히 노동과 생활의 밸런스를 현저하게 상실한 일본 노동자의 라이프스타일이 도드라진다.

일본 사회에서 노동방식을 선택할 수 있는 폭은 좁다. 후생노동대신, 일본경제단체연합회 회장, 일본노동조합연합회 회장의 이름으로 2002년 12월에 '다양한 노동방식과 일감 나누기에 관한 노사정합의'를 발표했다. 내용을 보면 "다양한 노동방식을 추진해감으로써 노사 쌍방의 선택지를 확대할 필요가 있다"고 강조한다. 그러나 고용 형태의 다양화와 노동시장의 유동화를 통해 선택지를 확대하는 것은 실제로는 경영자 혹은 사용자가 '노동시키는 방식'이며, 일하는 사람이 볼 때는 '노동방식의 선택지'가 반드시 확대된다고는 말할 수 없다.

일본 사회에서 남성은 전일제 정규직으로 일해야 한다는 인식이

강하다. 학생을 제외하면 남성은 일시적으로 어쩔 수 없을 때 파트타임 노동(아르바이트를 포함)을 하는 경우가 많을 뿐, 반드시 기꺼이 받아들이는 선택지는 아니다. 다나카 시게토田中重人가 지적했듯, 1999년에 시행한 '남녀공동참획 사회기본법'의 경우에도 남성은 전일제 노동자라는 것을 암묵적으로 전제하고 남성의 유연한 노동방식은 고려하지 않고 있다.

그렇다고 해서 여성에게 라이프스타일을 선택할 자유가 있는 것도 아니다. 남녀 고용기회 균등법이 1985년에 성립하고, 1997년에 개정되었다. 그러나 종래의 여성직을 '일반직', 남성직을 '종합직'이라고 바꾸어 불렀을 뿐*, 간접차별을 묵인하는 코스별 고용관리는 견고하게 남아 있다. 이는 아직도 여성 대다수가 '일반직'으로 채용된다는 현실에서 단적으로 드러난다. 덧붙여 코스별 고용관리를 도입하고 있는 기업을 대상으로 실시한 후생노동성의 최근 조사를 보면, 2003년 현재 종합직에서 여성이 차지하는 비율은 3퍼센트에 불과하고, 2004년 4월 채용(내정) 가운데 여성의 비율은 종합직 12퍼센트, 일반직 96퍼센트였다.

---

* 종합직은 종합적인 판단이 필요한 기간 업무에 종사하는 기업의 정규직 사원을 가리킨다. 몇 년 주기의 부서 순환을 통해 다양한 업무 경험을 쌓게 하고, 적성에 따라 부서를 배치하거나 직종을 변환시킨다. 이에 비해 정형적이고 보조적인 업무를 맡는 일반직은 종합직을 보좌하기 때문에 업무의 범위가 그다지 넓지 않고 비교적 틀에 박힌 업무가 많다.

파트타임 시급 개혁과 네덜란드 모델

풀타임과 파트타임의 시간당 임금 격차를 없애고 양자를 노동시간 수에 따라 평등하게 취급함으로써 남녀평등의 추진과 실업문제의 해소에 도전한 '네덜란드 모델'이라 불리는 사회개혁 실험을 알고 있는지?

네덜란드에서 오랫동안 유학한 도시 기획자planner 가쿠하시 데쓰야角橋徹也에 따르면, 네덜란드 모델은 남녀가 가사노동에 책임을 지는 전일제·파트타임 혼재형의 맞벌이 모델이다. 그 핵심은 전일제와 파트타임 사이에서 시간당 임금, 연금, 보험, 사회보장, 고용 기간, 승진 등 노동조건에 격차를 벌이는 것을 금하는 데 있다. 즉 고용주에게 특별한 지장이 발생하는 경우를 제외하고는 노동자가 전일제에서 파트타임으로, 또는 파트타임에서 전일제로 이행하는 것을 보장하고, 여성의 직장 진출과 남성의 가사노동 참가를 통해 사회생활의 성별 격차gender gap 해소를 추진하는 것이다. 지금은 전일제를 100으로 볼 때 파트타임의 시급이 95까지 근접했다고 한다(일본은 50).

네덜란드 모델은 1996년 노동법 개정과 2000년 노동시간 조정법의 시행이 중심이다. 이 개혁 성과로서 주목받았던 것은 실업률 저하였다. 실제로 1980년대에 일시적으로는 10퍼센트를 넘었던 네덜란드의 실업률은 2000년에 2퍼센트대로 내려갔다. 이로써 실업문제는 해결된 듯이 보였다. 그런데 2004년에 6퍼센트대로 진입하면서 1996년 이후 높은 수준으로 되돌아갔다고 한다. 그 점에서 무조건

〈표 5-2〉 파트타임 노동자의 비율

	파트타임 고용률 (퍼센트)		
	합계	남성	여성
EU 15개국	11.6	4.5	18.8
독일	13.8	3.9	23.8
프랑스	10.4	3.6	17.0
영국	17.4	6.8	28.3
이탈리아	4.7	2.1	7.4
네덜란드	32.8	17.3	48.7
스웨덴	16.0	7.4	25.0

출처 유럽 통계국
주 2003년의 숫자, 파트타임은 주 30시간 미만의 노동자

〈표 5-3〉 주 50시간 이상 일하는 사람의 비율 (퍼센트)

일본	28.1
미국	20.0
영국	15.5
프랑스	5.7
독일	5.3
이탈리아	4.2
스웨덴	1.9
네덜란드	1.4

출처 ILO
주 2000년의 숫자

죽도록 일하는 사회

높이 평가할 수는 없다.

그럼에도 이 개혁이 노동시간에 미친 영향은 높이 평가해야 한다. 원래 네덜란드는 노동시간이 짧은 나라로 1980년대 초에 연간 1,500시간대였다. 다른 나라에서는 노동시간의 감소가 둔해지고 증대 경향마저 발생한 1990년대에도 네덜란드는 감소 경향이 지속되었고, 최근에는 연간 1,350시간까지 단축되어 EU 평균을 300시간 가까이 밑돌고 있다.

파트타임 비율이 높은 점에서 일본과 네덜란드는 매우 비슷하다 (〈표 5-2〉). 하지만 일본은 '남자는 잔업, 여자는 파트타임'이라는 성별 분업에 따른 노동시간의 양극화가 있는 반면, 네덜란드에서는 남녀 불문하고 장시간 노동자의 비율이 지극히 낮다는 점이 다르다. 그 증거로 주 50시간 이상 일하는 사람의 비율은 일본이 4명 중 1명 남짓인 데 비해, 네덜란드는 70명 중 1명이다(〈표 5-3〉). 이렇게 엄연한 차이를 보면 네덜란드 모델은 실업문제의 해결에 성공한 것 이상으로 노동시간의 단축과 과노동 방지에 성공했다고 말할 수 있다.

일본 남녀의 시간 격차와 수입능력 격차

네덜란드는 전일제와 파트타임의 시급 격차를 없애서 실업문제나 시간 단축에 성공을 거두었지만, 일본에서는 전일제와 파트타임 사이에 커다란 시급 격차가 있을 뿐만 아니라 남녀 사이에도

연도	남성			여성		
	일반 노동자	파트타임 노동자	격차 (일반=100)	일반 노동자	파트타임 노동자	격차 (일반=100)
1993	1,904	1,046	54.9	1,187	832	70.1
1994	1,915	1,037	54.2	1,201	848	70.6
1995	1,919	1,061	55.3	1,213	854	70.4
1996	1,976	1,071	54.2	1,255	870	69.3
1997	2,006	1,037	51.7	1,281	871	68.0
1998	2,002	1,040	51.9	1,295	886	68.4
1999	2,016	1,025	50.8	1,318	887	67.3
2000	2,005	1,026	51.2	1,329	889	66.9
2001	2,028	1,029	50.7	1,340	890	66.4

출처 **후생노동성**, 〈임금구조 기본통계조사〉

커다란 시급 격차가 존재한다.

후생노동성의 《임금구조 기본통계조사》 2001년도 데이터에 기초해 일반 남성, 일반 여성, 파트타임 남성, 파트타임 여성의 1시간당 임금을 비교하면, 100:66:51:44(금액으로는 2,028엔:1,340엔:1,029엔:890엔)이다 (〈표 5-4〉). 일반 노동자는 연간 평균으로 소정급여 월급의 3배에 해당하는 상여 및 기타 특별급여를 받는다. 파트타임 노동자가 이것을 받지 못하는 점을 감안하면 일반 남성과 파트타임 여성의 임금 격차는 더욱 벌어진다.

죽도록 일하는 사회

따라서 남녀 격차에 대해서는 다음과 같이 생각해볼 수 있다.

〈사회생활 기본조사〉에 따르면 2001년 맞벌이 세대 남녀의 노동시간 격차는 어림잡아 100:64이다. 이것에 파트타임을 포함한 성별 임금 격차 100:50을 겹쳐놓으면 수입능력 격차는 100:32가 된다. 이른바 전업주부 세대를 포함한 전체 세대로 보면 남녀의 노동시간은 100:42, 수입능력 격차는 100:21이다. 결국 이 나라에서 여성은 맞벌이 세대만으로는 남성의 3분의 1, 외벌이를 포함한 전체 세대로는 남성의 5분의 1에 해당하는 수입밖에 얻지 못한다.

이렇게 보면 여성이나 남성이나 라이프스타일의 자유로운 선택을 방해하는 요인이 파트타임, 특히 여성 파트타임의 대단히 낮은 임금이라는 것이 분명해진다. 만약 일본에서도 네덜란드처럼 단축된 노동시간 아래 남녀 구별 없이 전일제든 파트타임이든 '시간에 따른 임금의 평등'이 확립된다면, 여성 중에는 사회로 진출하는 사람이나 전일제를 선택하는 사람이 늘어나고, 남성 중에는 파트타임을 선택하는 사람이 서서히 증가하지 않을까. 그렇다면 남성이 이전보다 더 가사노동이나 여가활동에 참가할 수 있지 않을까. '남자는 전일제'라는 고정관념은 뿌리 깊다. 하지만 남녀의 시급 격차를 해소해나가면서 고용의 남녀평등이 이루어진다면, 부부의 직종이나 직급 차이에 따라 여성이 돈을 더 많이 버는 세대가 늘어날 것이다. 아울러 남성에게도 '주부가 되고 싶다'는 희망이 싹터 남성이 육아휴직을 취득하는 가정전략이 더욱 현실성 있게 다가올지도 모른다.

미국에서 늘어나는 다운시프터

'라이프스타일'을 사전 《고지엔廣辭苑》에서 찾아보면, "생활방식. 특히 취미·교제 등을 포함해 그 사람의 개성을 나타내는 삶의 방식"이라고 풀이했다. 미국인과 일본인 같은 사회집단을 대상으로 이야기하는 라이프스타일은 그 나라의 역사, 문화, 직업생활, 노동시간에 의해 규정되는데, 개인의 라이프스타일도 그러한 사회적 제약에서 자유로울 수는 없다. 그런데도 라이프스타일은 개인의 노동방식이나 삶의 방식과 깊이 연관되어 있다는 점에서 개인적 선택의 문제이기도 하다.

과노동과 낭비가 만연한 미국 사회 한복판에서 소득보다는 자유시간을 중시하고 출세보다는 생활의 질이나 자아실현을 추구하는 삶의 방식을 선택함으로써 '이전보다 적은 수입으로 행복하게 사는' 사람들이 늘어나고 있다. 이를 광범위한 조사와 인터뷰를 통해 규명한 저서가 앞에서도 잠깐 소개한 줄리엣 B. 쇼어의 《낭비하는 미국인》이다. 그녀는 마치 과속 운전하던 자동차가 감속 기어를 넣은 듯한 라이프스타일의 전환을 '다운시프팅downshifting'이라고 하고, 그것을 실행하는 사람들을 '다운시프터downshifter'라고 부른다.

쇼어가 '다운시프터'에 대해 논의한 이 책의 제5장 속표지에는 '다운시프터'를 그대로 옮긴 듯한 여성의 일러스트가 그려져 있다. 두 팔로 안고 있는 채소에는 '유기농 식품 사기', '재활용 봉지 재사용하기', 손에 든 망치에는 '새로 사기보다는 고쳐 쓰기', 운동화에는 '스

포츠센터 등록을 해지하고 저녁에 배우자와 함께 걷기' 같은 설명이
달려 있다.

쇼어에 의하면 1990년에서 1996년에 걸친 몇 년 동안, 미국의 성
인 5명 중 1명(19퍼센트)이 자발적으로 라이프스타일을 바꾸고 수
입이 줄어들더라도 정년보다 일찍 퇴직했다. 그중 85퍼센트는 자신
들의 전환에 만족하고 있다. 같은 기간에 10명 중 1명(12퍼센트)이
실업, 임금 인하, 노동시간의 변경으로 비자발적으로 '다운시프트
downshift'했다. 이 그룹 중에서도 4분의 1(24퍼센트)은 라이프스타일
변경을 긍정적으로 받아들이고 있다. 양자를 합하면 미국의 성인 인
구 중 약 5분의 1은 이전보다 적은 수입으로 행복하게 산다는 말이
된다. 자신의 시간이 늘어나고 스트레스가 줄고 노동과 생활의 균형
이 나아졌기 때문이다.

일본 내 라이프스타일 전환의 다양한 움직임

노동방식의 전환은 쉽지 않다. 그럼에도 요즈음 일본 사
회에서도 업무 일변도의 노동방식에 의문을 품기 시작했다. 건강문
제, 육아문제, 실업, 너무 이른 정년 등에 직면한 사람들 사이에서 노
동시간이 짧은 일로 바꾸거나 농촌으로 이주하거나 장시간 잔업을
반려하는 등 라이프스타일을 전환하는 일이 서서히, 그러나 분명히
늘어나고 있다. 서점이나 인터넷 사이트에 흘러넘치는 '귀농' 관련

정보를 보면 상업적인 붐조차 일어난 것 같다.

바쁜 대도시를 탈출해서 농촌이나 지방으로 이주하는 사람 중에 특히 최근에 눈에 띄는 것은 오키나와沖繩현으로 이주하는 사람들이다. 총무성의 〈주민기본대장 인구이동보고연보〉(2004년)에 의하면, 최근 몇 년 사이 오키나와에는 매년 2만 4,000명에서 2만 5,000명이 타지에서 전입해왔다. 이 숫자는 유턴 현상*이나 전근을 포함해 인구 규모가 비슷한 오이타大分현과 비교했을 때 특별히 많다고 할 수는 없다. 그럼에도 주목해야 하는 이유는 후쿠오카福岡현을 제외한 규슈九州 각 현은 매년 전출이 전입을 훨씬 초과하는 데 비해, 오키나와현은 최근 몇 년간 평균 잡아 2,000명 가까이 전입이 전출을 초과했다는 데 있다.

오키나와 이주 정보 사이트를 보면 작은 섬에서는 원래 기존 주민보다 새로 이주한 사람이 많은 현상이 일어난다고 한다. 또 세 개 섬에 약 1,000명이 사는 자마미座間味 마을은 인구의 3분의 1이 외부에서 온 이주자라고도 한다. 주민등록을 하지 않고 장기체재하는 사람도 적지 않다. 실업률이 높고 일자리가 적은 오키나와에 사람들이 뭔가에 홀린 듯 몰려드는 이유는 자연, 풍토, 인정 등 여러 가지가 있을 것이다. 그렇다고 해도 오키나와 이주의 흐름은 바쁜 도회를 떠나 수

---

* 인구이동 현상의 하나로 지방에서 대도시로 이주했던 사람이 다시 지방의 고향으로 돌아오는 현상.

죽도록 일하는 사회

입을 위한 업무시간을 줄이고, 자기가 좋아하는 일에 시간을 쓰려고 하는 '다운시프팅'의 흐름이라는 것은 부정할 수 없다.

'다운시프팅'과는 함의하는 바가 다르지만, 최근에는 '슬로라이프 slow life'라는 말도 자주 들린다. 더불어 '슬로푸드slow food'라는 말도 자주 접한다. 맥도날드를 연상시키는 햄버거, 감자튀김 등을 패스트푸드fast food라고 한다. 유명한 프랜차이즈인 나카우なか卯의 우동이나 요시노야吉野家의 소고기덮밥도 패스트푸드이다. 먹을 것을 패스트푸드로 만드는 흐름에 의문을 품고 '천천히 먹기', '식사의 즐거움을 되찾기', '향토 요리를 소중히 여기기', '질 높은 손맛 음식을 지키기' 같은 발상의 슬로푸드 운동이 폭넓게 벌어지고 있다. 이탈리아의 작은 마을 브라Bra에서 1980년대에 시작한 이 사상과 운동은 식문화를 재고하자는 다양한 흐름과 어우러져 전 세계로 퍼져 나갔고, 일본에서도 조용히 붐을 일으키고 있다.

슬로푸드나 슬로라이프를 조금이라도 실천하려는 사람들은 자신들의 커뮤니티 안에서 지역통화(주민단체나 시민단체가 발행하는 특정한 지역이나 그룹 안에서만 유효한 교환수단. 상호 서비스나 선의를 주고받을 때 쓰인다)를 이용할지도 모른다. 그렇지 않더라도 지역통화의 발행과 사용은 지역의 상호부조와 협동을 중시한다는 점에서 슬로푸드나 슬로라이프와 연관된 라이프스타일 운동의 일종이다. 일본에서도 전국적으로 이미 수백 개의 지역통화가 있으며 그 수가 점점 늘어나고 있다.

2004년판《국민생활백서》는 '지역활동을 촉진시키는 수단으로서 지역통화의 가능성'을 검토했고, 그에 대해 "지역통화를 사용해 실현하고 싶은 목표는 환경을 고려한 라이프스타일의 실현, 실속 있는 복지·돌봄 서비스, 지역경제의 활성화, 주민들의 연대와 이웃의 상호부조 강화 등 지역마다 다양할 것"이라고 지적했다.

그런데 이러한 활동을 뒷받침하기 위해서는 무엇보다도 시간이 있어야 한다. 앞서 언급한 백서에 따르면 '하루에 자유로이 쓸 수 있는 시간'이 3시간 미만인 사람은 30대 중 70퍼센트, 40대 중 69퍼센트에 달한다. 그 때문에 30대 43퍼센트, 40대 47퍼센트는 지역활동 참가의 최대 장애요인으로 '활동할 시간이 없다'를 들고 있다. 실제로 현재 지역활동에 참가하는 사람의 비율은 30대 7퍼센트, 40대 12퍼센트에 그친다. 그만큼 지역생활에 슬로푸드와 슬로라이프를 뿌리 내리기 위해서도 자유시간의 확대가 필요하다는 점은 부정할 수 없다.

텃밭가족혁명

나는 이 책을 준비하는 과정에서 30년도 더 전에 오사카 외국어대학의 동료였던 몽골 연구자 오누키 마사오小貫雅男가 누구보다도 먼저 '오늘날 일본이 처한 과노동과 낭비의 악순환을 벗어나기 위해서는 라이프스타일을 전환해야 한다'고 주장했다는 사실을 알았다.

죽도록 일하는 사회

오누이키는 1970년대 이래 몇 번이고 몽골을 방문해 유목민 지역과 사회에 들어갔고, 1992년 가을부터는 산악과 사막의 마을 첼게르Tselger에서 1년간 거주하며 조사를 실시했다. 다큐멘터리 영화 〈사계·유목—첼게르의 사람들〉은 그때의 기록이다. 시가滋賀현립대학이 개교한 1995년에 이 대학의 인간문화학부로 옮긴 그는 이후 학생들의 협력으로 러닝 타임이 7시간 40분인 위 영화의 상영운동에 뛰어들었다. 그리하여 전국에서 2만 명이 넘는 참가자를 모을 만큼 커다란 반향을 불러일으켰다. 동시에 '제한 없이 확대해가는 욕망과 소비와 생산의 악순환' 속에서 일본의 지역과 사회가 떠안은 문제점을 두고, 몽골을 바라보던 관점에서 되물으며 '텃밭가족혁명' 구상을 퍼뜨려왔다.

이 구상이 묘사하는 텃밭가족사회는 자본주의 섹터 C(Capitalism의 C), 소경영가족 섹터 F(Family의 F), 공공 섹터 P(Public의 P) 등 세 가지 섹터로 이루어진 'CFP 복합사회'를 말한다. 이 사회는 주휴 5일제이므로 사람들은 C섹터나 P섹터에서 주 2일 일한다. 그들은 종래형의 공업이나 기타 다른 산업에 종사하든지, 행정·교육·의료·사회복지 등 공무 노동을 담당한다. 다른 5일은 F섹터인 텃밭에서 농사를 짓든지, 자영업의 형태로 상업, 서비스업, 수공업에 종사한다.

주휴 5일제라고는 하지만 휴일인 5일도 일한다는 점에서는 어쩐지 일만 한다는 인상도 풍긴다. 그러나 주 2일의 C·P섹터 업무로 급여 소득을 얻고, F섹터에서 어느 정도까지 자급자족이 가능하기 때문에 안정된 생활기반이 있다. 더구나 상품 작물을 키우거나 농업 이외의 일도 하면서 오로지 화폐 수입을 추구하는 종래의 이른바 겸업 농가와는 달리, 텃밭가족은 시장 의존도가 낮고 소비에 대한 욕구도 과도하게 억제되어 있다. 따라서 사람들은 과중한 노동에서 해방되어 시간적인 여유를 손에 얻고, 자유롭고 창조적인 활동에 더 많은 시간을 할애할 수 있다고 여겨진다.

농업에 부지런히 힘쓰는 소경영가족을 축으로 한 사회개조 플랜은 소경영을 억압한 종래의 사회주의와 근본적으로 다르다. 이러한 구상을 실현하려면 토지이용 문제를 비롯해 온갖 곤란에 부딪칠 것이다. 그렇지만 기존의 대량 생산·대량 낭비가 이루어지던 '확대계 사회'에서 인간과 자연의 물질대사를 지속가능하게 하는 '순환계 사회'로 이행할 필요가 있다고 한다면, 텃밭가족사회의 구상은 충분히 검토해볼 만하다. 한편에는 대량 실업자가 존재하고, 다른 한편에는 대량 장시간 노동자가 존재하는 불합리를 해소하려면 라이프스타일과 사회 시스템의 전환을 동시에 가능하게 하는 일감 나누기(업무 분담하기)가 필요한데, 그것을 의식적으로 끌어들인 것이 텃밭가족 사회의 구상이다. 쇠퇴한 농업과 임업을 부활시키고, 지역의 고유성과 생활문화, 장인의 기예를 되살리기 위해서도 이 구상을 통해 사회 안에 시장원리의 폭주를 자연스레 제어하는 구조를 보충할 필요가 있다.

라이프스타일 운동도 비즈니스가 된다?

무슨 일이건 새로운 흐름이 생기면 지체하지 않고 그것을 비즈니스로 받아들이는 것이 자본주의의 속성이다. 이를테면 미국에서는 건강과 지속가능한 사회를 지향하는 라이프스타일인 로하스 LOHAS, Lifestyles Of Health And Sustainability를 추구하는 계층이 전체 성인 인구의 27퍼센트(약 6,000만 명)에 이른다고 한다. 이것을 조사하고 그 정보를 제공한 주체는 실은 건강식품과 관계된 시장조사 회사이다. 아까 언급한 일본의 오키나와 이주, 귀농 붐을 보더라도 요사이 주택의 전월세·매매를 비롯한 다양한 비즈니스가 얼굴을 내밀고 있다.

다나카 나쓰코田中夏子와 스기무라 가즈미杉村和美의 공저《슬로 노동 방식과 만나다スローな働き方と出会う》(2004년)는 '슬로푸드'에서 '슬로라이프', '슬로워크'로 넓어지는 흐름을 바탕으로 농촌에서 도시에 이르는 전국 각지에서 '슬로 노동방식'을 실천한 예를 소개한다. 아울러 '슬로 노동방식'을 핵심어로 하는 '창업'이나 '마을 만들기'에 매진하는 기쁨과 어려움을 진지하게 추적한 점이 흥미롭다.

이 책에서도 다루었지만 2000년 2월 미쓰이三井물산전략연구소의 주선으로 '슬로타운 연맹'이 발족했다. 2004년 12월 현재 전국 50개 마을이 회원이다. 연맹 사이트는 다음과 같은 '입회 안내'를 내걸고 있다.

슬로타운 연맹은 효율성과 편리성을 중시하고 새로운 것을 추구하는 '스피드 사회'와 더불어 만사에 수고를 들이고 사물을 깊이 추구하면서 '보존·재생'에 중점을 두는 '슬로 사회'라는 두 가지 사회(사회 시스템)가 공존하는 품 넓은 사회를 구축해서 국민 한 사람 한 사람의 폭넓은 선택이 가능해지는, 참으로 '더 나은 삶'을 실현하는 게 목적입니다.

구체적인 활동 내용으로는 '보존 · 재생 · 순환'을 중심으로 지방 소비, 농가 개조, 향토 문화·향토 예술·향토 공예품·향토 요리의 리뉴얼, 산·강·바다·고향의 마음에 대한 보존·재생, 자연에너지의 재생, 이웃의 상호부조 등을 들고 있다. 여기에서 지향하는 바는 이제까지 '스피드 사회'에 떠밀려 억눌려온 '슬로 사회'의 부흥이다. 그러나 '스피드 사회'를 부정할 수는 없기 때문에 '두 가지 사회가 공존하는 품 넓은 사회'의 구축을 말하는 데 그친다는 점을 알아야 한다. '슬로 사회'에 의해 '스피드 사회'를 제어하자고 주장하는 슬로비즈니스가 될 수 없다는 점이 슬로 붐의 한계이다.

죽도록 일하는 사회

과노동에 브레이크를 걸다

식사와 수면과 가족생활, 이대로 괜찮을까?

노동시간이 1일 10시간, 주 50시간을 넘을 만큼 길면, 건강하고 문화적인 생활이 가능할 리 없다. 이 책에서 줄곧 보아왔듯 일본인 남성의 유난히 긴 노동시간은 가정생활에 필수적인 가사노동을 오로지 여성에게 떠맡김으로써 성립한다. 그럼에도 요즘에는 여성의 대다수가 결혼 후에도 전일제로 계속 일하든지, 아니면 파트타임으로 근무하기 때문에 고용노동과 가사노동을 합치면 여성이 남성보다 더 많이 일하고 있다.

남성 노동자 중에는 가사에 제대로 참가하지 못할 뿐 아니라 식사조차 제대로 하지 못하는 사람이 많다. 통근시간이 왕복 2시간 전후나 걸리는 대도시권에서 1일 10시간 이상 일하는 사람은 아침을 먹더라도 허겁지겁 황급하게 먹을 수밖에 없다. 어느 조사에 따르면 일본 '샐러리맨'의 점심식사 시간은 평균 10분 남짓이었다. 최근에는 학생일 때부터 외식에 익숙해진 젊은 회사원을 중심으로 점심식사는 물론 아침식사나 저녁식사도 외식으로 해결하는 사람이 늘어나고 있다. 저녁식사는 원래 저녁에 먹는 식사를 말하지만, 요즘은 평일 저녁에 저녁식사를 하는 노동자가 적다. 현실적으로 야식을 먹을 시각에 저녁식사를 할 수밖에 없는 실정이다.

기혼자라도 귀가 후 자녀나 배우자와 느긋하게 시간을 보낼 여유가 거의 없다. 더구나 업무상 미팅으로 늦게 귀가하거나, 집에서 잔업을 하게 되면 더욱더 수면시간을 줄일 수밖에 없다. 결국 피로를 풀지 못해 스트레스가 쌓이고 심신이 망가지다 못해 최악의 경우에는 죽음에 이른다.

5년마다 실시하는 NHK 〈국민생활 시간조사〉를 보면 '직장인'의 평일 평균 수면시간은 7시간 51분(1970년)에서 7시간 7분(2000년)으로 감소했다. 2000년의 사정을 들여다보면 30대 남성 노동자는 평일에 평균 잡아 9시간 46분 일하지만, 6시간 56분밖에 자지 못한다. 수면시간이 노동시간보다 2시간 50분이나 짧다. 평일은 그렇다고 치더라도 주말에 잠을 보충하느냐 하면 꼭 그렇지도 않다. 토요일에 7시간 52분, 일요일에 8시간 27분 잠을 자는데, 1일 8시간 노동으로 계산하면 2명 중 1명 남짓(1인당 4시간 42분)은 토요일에도 일하고, 4명 중 1명 남짓(1인당 2시간 14분)은 일요일에도 일한다.

텔레비전 시청이나 인터넷 사용시간이 늘어나고, 경제활동의 24시간화가 진행된 것도 수면시간의 감소에 영향을 미친다. 그 점에서 일률적으로 노동시간이 길어진 탓으로 돌릴 수는 없지만, 30대 남성 노동자의 사정을 볼 때 주 평균 55시간을 넘는 장시간 노동이 수면 부족의 최대 원인이라는 점은 의심할 바 없다.

부모의 장시간 노동은 자녀들에게도 불행이다. 오늘날 일본에서는 맞벌이 세대가 늘어나고 있지만, 보육원 수만 보더라도 양육을 둘러싼 사회적 환경이 맞벌이 사회로 이행하는 현실을 따라가지 못하고 있다. 동시에 보육원을 늘리는 것만으로는 문제를 해결할 수 없다는 점을 강조해야 한다. 최근 유토리ゆとり 교육*이 학생의 학력을 저하시켰다는 논의가 한창인데, 도입된 지 얼마 안 되는 주휴 2일제를 재고해야 한다는 이야기도 나오고 있다. 그렇다고 아이들이 여유를 즐기고 있느냐 하면 그렇지도 않다. 문부성(현 문부과학성) 조사에 따르면 학원에 다니는 아이의 비율은 1985년부터 2000년 사이에 초등학생은 17퍼센트에서 28퍼센트, 중학생은 45퍼센트에서 70퍼센트로 증대했다. 최근에는 보합 상태이지만 아이들이 온종일 학원을 전전하는 상황은 달라지지 않았다. 학원에 따라서는 평일에도 이른바 '날짜변경선 코스'라고 불리는, 수업 종료시간이 오전 0시를 넘기는 중학생반도 있다고 한다. 일요일이나 방학에는 1일 8시간, 나아가 10시간의 특별훈련 코스조차 있다.

---

* 학습 내용과 시간을 줄이고 학생의 창의성과 자율성을 존중하는 교육 방침.

지나치게 긴 노동시간은 부부간의 시간도 육아시간도 부족한 사태를 초래해 가정불화와 이혼의 원인이 된다. 가사와 육아의 부담을 여성에게만 떠맡기는 환경에서 남성의 장시간 노동은 여성에게 결혼하지 않거나 아이를 낳지 않겠다는 선택을 강제하는 요인이 될 수 있다. 남성 못지않은 노동방식까지 요구하는 경우는 더욱 그렇다. 오늘날 일본의 저출산 경향에는 이런 요인도 작용하고 있다는 점을 부인하기 어렵다.

2003년《후생노동백서》는 정규직으로 주 60시간 이상 일하는 사람의 지역별 비율과 합계특수출생률(여성 한 사람이 평생 낳는 평균 자녀의 수) 데이터를 통해 남녀 모두 장시간 노동자 비율이 높은 지역일수록 출생률이 낮다는 역逆상관관계가 뚜렷이 나타난 점을 말한다. 배우자가 있는 남성의 경우, 장시간 노동자의 비율이 13.1퍼센트로 높은 미나미간토南關東는 1.12명이라는 가장 낮은 출생률을 기록했다. 반면 출생률이 1.81명으로 가장 높은 오키나와는 장시간 노동자의 비율이 낮다.

과노동 때문에 이웃 교제도 정치 참가도 곤란해지다

지나치게 긴 노동시간은 가정생활뿐 아니라 지역생활도 위협한다. 그것은 PTA나 자치회의 모임에서 부친의 모습을 거의 찾아볼 수 없다는 점에서 단적으로 드러난다. 사람들이 업무에 쓰는 시간이 길면 길수록 지역의 자원봉사에 참가할 시간은 적어지고, 또 인간관계가 희박해짐으로써 마을이 공동업무나 상호부조를 유지하는 것이 곤란해진다. 녹초가 된 사람이 많을수록 타인을 생각하는 마음이 옅어지고 인간관계는 험해진다.

《후생노동백서》는 내각부가 60세 이상의 고령자를 대상으로 실시한 〈고령자의 생활과 의식에 관한 국제비교조사〉에서 '이웃과 교제하는 정도'를 그림으로 보여준다(《그림 1》). 이에 의하면 일본은 다른 나라보다 친구나 이웃과 거의 매일 대화할 기회를 가진 사람의 비율이 낮고, '일주일 동안 거의 없는' 사람의 비율이 높다. 이러한 경향은 특히 남성에게 강하게 나타나는데 일본, 미국, 한국, 독일, 스웨덴 중에서 이웃 사람과 '거의 매일 대화를 나누는' 비율이 20퍼센트를 밑도는 것도, 이웃 사람과 '거의 대화를 하지 않는' 사람의 비율이 30퍼센트를 넘는 것도 일본뿐이다. 이미 직업생활에서 물러난 사람의 비율이 높은 노년층에서조차 이웃과의 교제가 이 정도라면, 현역 노동자의 상태가 어떠한지는 짐작하고도 남을 것이다. 덧붙여서 백서는 생활의 대부분을 업무로 보낸 탓에 지역사회와의 연대가 희박한 사람은 정년퇴직 등으로 직장을 떠난 후 집에서만 지내는 상황에 빠지기 쉽다고 지적한다.

오늘날 일본과 같이 장시간 노동과 장시간 통근이 일반적인 사회에서는 직업생활 이외의 사회생활에 참가하기란 쉽지 않다. 그 결과 문화나 스포츠 활동에 참가하기도 힘들고, 대개는 수동적, 찰나적으

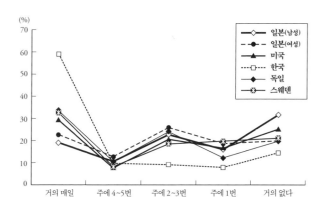

〈그림 1〉이웃 교제 정도에 대한 국제비교

출처 《2003년판 후생노동백서》, 내각부 〈제5회 고령자의 생활과 의식에 관한 국제비교조사〉, 2001년

로만 관여하게 된다. 정치에 참여하는 것도 곤란해지는 까닭에, 정작 정치적인 도움이 가장 필요한 사람들이 오히려 정치에서 멀어지는 상황조차 벌어진다.

이런 점을 생각하기 위해 2004년 7월 참의원 선거 직전에 신문에 실린 주부의 투서를 참고해볼 만하다. 한가하게 선거 이야기를 할 상황이 아닌 남편의 처지에 한탄하면서 다음과 같이 '과로사하기 전에 잘 생각해서 투표하자'고 호소한다.

아침에는 밥도 먹는 둥 마는 둥 하고 집을 나섭니다. 밤에는 도중에 끊기는 막차에 올라, 전철역 한 구간을 걸어서 집에 돌아오는데 이마저도 이른 편에 속합니다. 남편의 일상은 이 정도입니다. / …… 이번 참의원 선거. 남편은 귀가 후에도 뉴스나 정견 방송을 보지 않고, 신문을 읽을 짬도 없고, 후보자나 정당의 정보를 듣는 일도 어렵습니다. 이렇게 되면 여당에 유리하게 작용한다는 '저투표율'로 연결되겠지요. / 세금이나 연금·요양보험료를 월급에서 공제당하는 샐러리맨. 이대로 불평도 없이 계속 일하다가 연금도 요양 서비스도 받지 못하고 과로사라도 한다면, 정부는 잘됐다 싶겠지요. 과로사하기 전에 잘 생각해서 한 표를 행사해야 합니다.(《아사히신문》, 2004년 7월 8일, 주부, 나고야시, 43세)

과노동은 위험천만

미국에서 과노동을 상징하는 직업으로 알려진 것은 변호사와 연수의研修醫이다. 영어로는 연수의를 '레지던트resident'라고 한다. 본래는 거주자, 또는 고용주의 집이나 직장에서 사는 사람을 의미하는 레지던트가 왜 '연수의'인지 의문이었다. 어느 날 내가 진찰을 받는 국립순환기병센터의 반도 코坂東興 선생이 쓴《심장외과의心臟外科医》라는 책을 읽은 후에야, 연수의는 병원에 숙직까지 하면서 장시간 일하기 때문에 레지던트라고 부른다는 것을 알았다.

일본 연수의의 가혹한 근무는 과로사를 낳고 있다. 간사이의과대학 부속병원의 연수의였던 모리 히로히토森大仁 씨는 1998년 8월에 26세의 나이로 과로사했다. 연수의가 된 지 2개월 반 만에 일어난 일이다. 보통 오전 7시 반부터 오후 10시, 11시까지 근무했다고 한다. 그러나 그대로 숙직을 하고 다음 날에도 일하는 경우가 종종 있었다. 주말에도 근무했는데 과로사하기 전까지 2개월 반 동안 388시간이나 시간외 노동을 했다. 그토록 장시간 일해도 급여는 월 6만 엔이었다. 유족이 1999년에 제기한 소송에서 2002년 2월 오사카 지방재판소는 병원의 안전 배려 의무 위반에 따른 과로사라고 인정하고, 대학 측에 약 1억 3,500만 엔을 지급하라고 명했다. 대학은 항소했지만 오사카 최고재판소는 1심 판결을 변경해 배상액을 약 8,400만 엔으로 낮추면서도 가혹한 근무가 죽음의 원인임을 인정하는 판결을 내렸다.

과로사는 간호사에게도 일어난다. 무라카미 유코村上優子 씨는 간호학교를 졸업함과 동시에 국립순환기병센터의 간호사가 되어 3년 10개월 근무한 뒤 2001년 2월 25세의 나이로 과로사했다. 사망 6개월 전 이메일의 송신 기록을 보면, "집에 돌아온 것은 자정을 넘긴 3시. 3시간 정도밖에 잠을 못 잤어요. 하지만 오늘도 8시 반부터 일해야 해요. 정시 근무라면 근무와 근무 사이에 8시간의 간격이 있지만, 정시에 끝나는 경우는 드물지요. 이게 3교대의 실체일까요?"라고 쓰여 있다. 사망 5개월 전 송신 기록 중에는 "어제는 일이 너무 바빠서 밤 10시에 돌아왔습니다. 얼마 잘 시간도 없이 바로 심야 돌입. 일을 시작할 때부터 비틀비틀한 상태였어요"라는 글도 있다.

무라카미 씨의 유족은 2002년 7월 국가의 안전 배려 의무 위반에

항의해 오사카 지방법원에 과로사 손해배상 청구 소송을 제기했다. 하지만 오사카 지방법원은 월 80시간의 잔업을 50시간 정도밖에 인정하지 않았고, 근무의 과중성에 대해서도 과로사에 이를 정도는 아니라고 판결했다. 재판은 고등법원에 계류 중이다.

의사, 간호사의 과노동은 일본에서 빈발하는 의료 사고의 중대한 원인 중 하나로 알려져 있다. 조속한 개선이 필요하다.

장시간 과밀 노동은 교통사고를 유발한다

제3장에서도 언급했지만 버스, 트럭, 철도 운전에 종사하는 사람들의 장시간 과밀 노동은 교통사고를 유발한다. ILO의 '노동시간'에 관한 소책자에 나오는 트럭 운전사를 대상으로 한 1970년대 조사에 따르면, 운전시간이 길수록 사고의 발생률이 급격하게 올라간다. 야간에는 교통량이 적은데도 사고율이 특히 높다. 국토교통성의 '자동차 운수사업에 관한 교통사고 요인 분석 검토회'의 자료에는 과로나 수면 부족이 고속도로의 다중 추돌사고를 일으켜 중대한 피해가 발행한 사례, 사고가 나지는 않았지만 빡빡한 스케줄로 과속을 반복하는 운전자가 소속된 사업자를 경찰이 적발한 경우가 나와 있다.

2002년 8월에 미에三重현 스즈카鈴鹿시의 나고야~오사카 자동차도로 하행선에서 대형 트럭이 정체 중인 차열에 돌입해 사망 5명, 중

경상자 6명을 냈다. 이 사고에서 운전사는 극도의 과로 운전으로 몽롱한 상태였고, 사고 당시 의식이 전혀 없었다는 것이 판명되었다. 2003년 5월 쓰치津 지방재판소는 사고를 일으킨 운전사에게 가혹한 노동을 명한 운송회사의 운행관리자 2명에게 "운전자의 노동조건을 개선할 입장에 있으면서도 그 책임을 자각하지 못하고 안이하게 과중 노동을 시킨 책임이 무겁다"는 이유로 집행유예의 유죄 판결을 내렸다.

제3장에서도 기술했지만, 2005년 4월 25일에 JR 니시니혼 다카라즈카선(후쿠치야마선)의 쾌속 전차 탈선 사고가 있었다.

매스컴은 JR 사상 최악의 사고의 원인으로서 운전사가 역을 지나친 실수로 인한 지연을 만회하기 위해 제한 속도를 넘겨 운전한 것, 나아가 그 전차의 뒤를 쫓아간 운전사에 대한 강압적인 지도와 관리, 한큐阪急전철과의 격심한 경쟁에 의한 과도한 고속화와 여유시간이 없는 시각표, 속도 초과를 방지하는 최신열차자동정지장치ATS-P의 미정비, 민영화 후의 이익 우선·안전 나중이라는 기업 체질 등 안전관리의 문제를 지적했다.

애초에 '후쿠치야마선'이라고 불리던 것을 한큐의 다카라즈카선과 나란히 달리는 구간에 한정해 회사가 다카라즈카선이라고 선전했던 것을 보더라도, 이익을 올리기 위한 경쟁에 얼마나 부심했는지를 알 수 있다. 실제로 JR 니시니혼 오사카 지사의 2005년도 '지사장 방침'은 경영의 일차적인 목표로 '돈벌이'를 손꼽았고, '안전'은 말 그대로 이차적인 것으로 밀어놓았다.

노동시간과 관련해서는 사고 전날 오후 1시 반부터 오후 11시까지 근무한 운전사는 사고 당일 오전 6시 5분에 업무 개시 점호를 받고 48분부터 운전 업무에 임했다. 전차의 발진까지는 차내와 기기를 확인하는 '출발 점검'을 위해 30분쯤 시간이 필요하다고 한다. 그렇다면 운전사는 야근을 끝낸 직후, 사고 당일 오전 6시 넘어서부터 사고가 일어난 오전 9시 18분까지 연속 근무를 했다는 말이 된다.

JR 니시니혼은 이번 사고가 일어난 다카라즈카선뿐 아니라 정차 때나 주행 중의 여유시간을 극한적으로 없애 나란히 달리는 사철私鉄과 속도 경쟁을 벌여 이익을 챙겨왔다. 또 최근까지 운전사에게 정시 운전을 엄수시키기 위해 평소 연착이 잦았던 열차를 대상으로 1초 단위로 보고하라고 한 해에 몇 차례나 요구했다. 이번 사고는 속도 우선·시간 엄수라는 운행 태세가 초래했다고 말할 수 있다.

업무 스트레스로 늘어나는 우울증

2004년《후생노동백서》에 따르면 거품 붕괴로 불황이 심각해진 1993년 이후, 우울증과 섭식 장애(이른바 거식증과 과식증)가 현저하게 증가했다. 둘 다 현대 사회의 스트레스가 원인이다. 즉 혹독한 불황이 지속되는 가운데 구조조정의 압력이 높아지고 정신적인 스트레스가 쌓이기 쉬워진 환경이 유발한 사태라고 할 수 있다.

최근에는 마음의 병이 일으키는 가장 심각한 결과, 즉 자살이 중대한 사회문제로 떠오르고 있다. 위의 백서에 따르면 자살자 수는 최근 30년을 볼 때 1986년 2만 5,000명을 넘은 것 이외에는 2만 명에서 2만 5,000명 수준을 유지하고 있었다. 그러던 것이 1998년부터 3만 명에서 3만 4,000명이라는 높은 수준으로 올라섰다.

마음의 병은 신체의 병과 마찬가지로 주어진 환경에 따라 어떤 사람에게나 발병할 수 있다. 위의 백서는 스트레스가 많은 현대사회에서는 5명 중 1명이 정신질환이라는 진단을 받을 수 있다는 조사 결과도 언급한다. 또 국민의 약 15명 중 1명이 우울증에 걸린 경험이 있음에도, 그중 4분의 3은 치료를 받지 않았다는 조사 결과도 함께 전한다.

이것도 위의 백서가 지적한 바인데, 노동자의 경우 우울증의 발병은 직장의 업무나 인간관계 등 노동환경에 의한 스트레스의 영향이 크다. 예방법으로는 휴양이 가장 좋지만, 병원에 가기도 꺼려지고, 애초에 업무에 쫓겨 의사에게 갈 시간조차 없는 것이 현실이다. 과로사에 관한 좌담회에서 정신과의사인 나카자와 마사오中澤正夫 씨에게 들은 바로는 1980년대 후반 거품 시기에 스트레스 증상으로 정신과를 찾은 회사원이 늘었다. 하지만 거품이 꺼지고 나자 진료를 받으러 오는 환자는 점점 줄었다. 그도 그럴 것이 스트레스 정도로는 외래 진료를 받으러 갈 수 없다. 그 정도의 심신 상태로 회사를 쉰다면 구조조정의 대상이 될지도 모르기 때문이다. 또 계속되는 인원 삭감으

스스로 깨닫는 변화	주위에서 알아채는 변화
1 슬프고 우울한 기분, 가라앉은 기분	1 이전보다 표정이 어둡고 기운이 없다
2 무슨 일에도 흥미가 생기지 않고 즐겁지 않다	2 몸 상태가 안 좋다고 호소(신체의 통증이나 권태감)
3 금방 지치고 기운이 없다(나른하다)	할 때가 많다
4 기력, 의욕, 집중력의 저하를 자각한다(귀찮다, 아	3 일이나 가사의 능률이 떨어지고 실수가 잦다
무 일도 할 마음이 생기지 않는다)	4 주위와 교류하는 것을 피하려고 한다
5 잠을 잘 못 자고 아침 일찍 눈이 떠진다	5 지각, 조퇴, 결근(결석)이 잦다
6 식욕이 없어진다	6 취미나 스포츠, 외출을 하지 않는다
7 사람을 만나고 싶지 않다	7 음주량이 늘어난다
8 저녁보다 아침이 기분이나 몸 상태가 나쁘다	
9 걱정이 머릿속을 떠나지 않고 생각이 쳇바퀴 도	
는 듯하다	
10 실패나 슬픔, 실망을 떨치고 일어나지 못한다	
11 자신을 책망하고 스스로 가치가 없다고 느낀다	

출처 **후생노동성,** 〈우울병 대책 추진 방책 매뉴얼〉(2004년 1월)에서

로 직장이 바빠진 탓에 쉬고 싶어도 쉴 수 없다.

과노동에 브레이크를 걸다

일이 너무 힘들어서 병에 걸려도 병원에 갈 수 없다. 그만
큼 노동시간의 제한과 단축을 요구하는 목소리는 직장과 가정에 울
려 퍼지고 있다. 후생노동성이 2004년 1월에 발표한 〈일과 생활의
조화에 관한 의식조사〉 가운데 〈노동력 조사〉에 따르면, 노동방식의

현상 인식으로는 업무 우선파(69퍼센트)가 생활 우선파(14퍼센트)를 웃돌고 있지만, 선호도로는 생활 우선파(47퍼센트)가 업무 우선파(33퍼센트)를 웃돌고 있다.

같은 조사 중 〈노동방식에 대한 배우자의 희망〉에 관한 회답을 보면, 남성 배우자에 대해 '잔업을 줄이기 바란다', '휴가를 받기 바란다'고 희망하는 여성은 전체의 44퍼센트에 달한다. 여성 배우자에 대해 이렇게 희망하는 남성은 25퍼센트이다. 이것은 남성보다 여성이 배우자의 노동시간 단축을 원한다는 것을 의미한다.

노동조합은 이러한 목소리에 귀를 기울여 노동시간의 제한과 단축을 위해 다시 한번 정면으로 맞붙어야 한다. 과노동을 저지하는 것을 정치 과제로 제시하고, 정부에 대해 서비스 잔업의 시정과 과로사의 예방뿐만 아니라 워크·라이프·밸런스(일과 생활의 조화) 실현에 적극적으로 나서도록 촉구하는 일이 급선무다.

그러나 노동조합이나 정부에 기대하는 것만으로는 사태의 개선을 바랄 수 없다. '과로사 변호단'이나 '노동기준 옴부즈맨'과 같이 노동시간의 감시와 규제에 관여하는 NPO의 역할이 앞으로 한층 더 중요해질 것이다. 미국에서는 노동조합의 내셔널센터AFL-CIO와 연대한 '전미全美 9시에서 5시까지 일하는 여성연합'이 기업을 상대로 '가족을 위한 정책'을 요구하는 캠페인을 펼치고 있다. 개발도상국에 진출한 다국적기업에 국제노동기준의 준수를 요구하는 NGO도 있다. 고용문제나 노동문제에 대해 적극적으로 의견을 제안해 기업의 사회적 책임을 다하도록 요구하는 시민 단체나 교회 단체도 있다. 일본에서도 이렇듯 다양한 움직임을 본받아 노동시간의 제한과 단축 운동을 벌여야 한다.

다음은 개인 견해인데, 과노동을 저지하기 위한 개인과 조직의 지침과 대책을 제시해본다.

노동시간을 단축하고, 과중 노동을 없애기 위해
– 과노동 방지의 지침과 대책

| 노동자는 무엇을 해야 할까?

○ **자신과 가족의 시간을 소중하게 여기고 업무 이외에서도 삶의 보람을 찾는다**

세 끼 식사와 수면을 제대로 취하고, 운동, 취미, 오락, 레저, 교제, 독서, 학습, 가족 모임 등 자신과 가족의 시간을 소중히 여긴다. 건강 유지에 신경 쓰면서 지혜롭게 일하고 업무 이외에서도 삶의 보람을 찾는다.

○ **가사노동은 분담하고 이웃과의 교제나 지역의 봉사활동에도 참가한다**
부부 사이에서는 요리, 정리, 육아, 청소, 세탁, 장보기 등의 가사노동, 이웃과의 교제나 지역의 봉사활동을 여성에게만 떠맡기는 것이 아니라 남성도 분담함으로써 워크·라이프·밸런스의 확보를 위해 노력한다.

○ 연휴는 할 수 있는 한 다 챙겨 쉬고, 1년에 한 번은 1~2주 연속휴가를 갖는다

연차 유급휴가는 급여일 수를 남기지 말고 소화하고, 4월 말부터 5월 초의 골든위크, 추석, 연말연시에도 연휴를 활용해 휴가를 늘린다. 동시에 여가를 즐기고 기분을 전환하는 것을 주된 목적으로 1년에 한 번은 1~2주의 연속휴가를 취득함으로써 기운차고 창조적으로 일한다.

○ 잔업은 가능한 한 하지 말고, 노동이 과중한 경우에는 노동조합이나 회사에 시정을 요구한다

정시 퇴근하도록 주의를 기울이고, 그것이 곤란한 경우에도 잔업은 장시간·장기간이 되지 않도록 한다. 노동시간이 지나치게 길고, 업무가 지나치게 힘들다고 여겨질 때는 스스로 목소리를 내어 노동조합이나 회사에 시정을 요구한다.

○ 직장의 노동기준법 위반행위가 시정되지 않을 때는 노동기준감독서에 신고한다

직장에 서비스 잔업 등 위법행위가 있을 경우에는 노동기준
감독서에 신고(고발)한다. 신고할 때는 실명을 밝히도록 요구
하지만, 노동기준감독관은 사업장에 대해 누가 통보했는지
비밀을 지켜야 한다. 신고에는 특별히 정해진 형식이 없다.
위반사항을 간단하게 적고 증거(출퇴근 기록 등)가 있으면 제
시한다.

○ 심신에 불편함을 느낄 때는 곧바로 의사의 진찰을 받고 그 지시에 따
른다

정기적인 건강검진뿐만 아니라 과노동으로 심신에 불편함을
느낄 때, 업무와 관련한 건강장애의 불안이 있을 때는 바쁘다
고 하면서 그냥 넘기지 말고, 곧바로 의사의 진찰을 받고 그
지시에 따른다.

○ 업무 때문에 죽을 것 같은 상태가 계속될 때는 이직 등으로 자기방어
를 꾀한다

죽을 만큼 바쁜 상태가 계속되고 아무리 참아도 개선될 기미
가 없을 때, 이대로 가다가는 쓰러질 것 같다는 불안을 느낄
때는 마음을 다잡고 일을 그만두거나 이직하는 등 자기방어
를 꾀한다.

죽도록 일하는 사회

○ **정보도구에 의해 업무의 경계가 애매모호해지는 것을 저지하고, 시간 대에 따라서는 수신을 거부한다**

휴대전화나 이메일을 통해 업무가 개인생활이나 가정생활의 영역까지 막무가내로 침입하는 것을 허용하지 않기 위해 서로 프라이버시를 존중한다. 휴대전화를 꺼둔다고 선언하거나, 시간대에 따라서는 수신을 거부하는 대항 전략이 유효하다.

○ **노동방식의 관점에서 서비스나 편리성을 내세우는 소비방식을 다시 생각해본다**

편의점의 24시간 영업, 택배의 익일 배달에 나타나는 과도한 서비스가 장시간 노동을 초래하는 원인이라는 것, 소비자의 편리성 추구가 노동조건의 악화와 고용의 불안정화를 일으키는 원인이라는 것을 인식하고, 노동방식의 관점에서 소비방식을 다시 생각해본다.

○ **유통·서비스 부문에서 일하는 사람은 영업시간과 노동시간의 명확한 구별을 요구한다**

영업시간이 노동시간과 연관이 깊은 유통·서비스 부문 등에서 일하는 사람은 영업시간의 무제한 연장에 반대 의사를 밝힌다. 영업시간과 노동시간의 명확한 구별을 요구함으로써 영업시간의 연장이 노동시간의 연장이 되지 않도록 한다. 또한 정기적으로 휴무일을 정하도록 요구한다.

○ **과노동과 낭비의 악순환을 끊어내고 슬로라이프로 전환한다**

소득보다 자유시간, 출세보다 자기실현을 추구하는 것이 더욱 가치가 있다는 것을 인정하고, 현재 속한 직장의 노동방식을 다시 생각해본다. 전직이나 조기퇴직, 귀농 등에 의해 라이프스타일을 바꾸어 과노동과 낭비의 악순환에서 빠져나오는 것도 매력적인 선택지이다. 불행한 실업이나 구조조정을 삶의 방식을 바꾸는 전환의 계기로 삼을 수 있다.

‖ 노동조합은 무엇을 해야 할까?

○ **잔업의 삭감과 서비스 잔업의 해소를 향해 시간 단축 캠페인을 벌인다**

사용자가 노동시간을 엄격하게 파악하게 함으로써 잔업의 삭감과 서비스 잔업의 해소에 적극적으로 뛰어든다. 그때 장시간 노동은 노동자의 심신에 유해할 뿐 아니라 개인의 자유시간이나 가정생활, 사회 참여에 악영향을 미친다는 점을 중시함으로써 노동시간의 제한과 시간 단축 캠페인을 벌인다.

○ **연휴의 취득 촉진을 꾀하고, 연휴의 급여 일수 증가를 요구한다**

연차 유급휴가를 보장받기 위해 노동자의 연차 유급휴가 제도를 주지시키고 철저하게 시행함과 동시에 기업에 대해 개인별 연차 유급휴가의 급여 일수, 취득 일수, 잔여 일수에 대해 매월 기록을 작성하고, 그 숫자를 개개 노동자에게 통지하도록 요구한다. 아울러 연간 최저 2주간의 연속휴가를 받기 위해 연차 유급휴가의 급여 일수 증가를 요구한다.

○ **30대 노동자의 격렬한 과노동 해소를 위해 특별한 활동을 벌인다**

근래 40대 이상을 중심으로 한 구조조정과 장기간에 걸친 신규 채용의 억제 속에서 30대 노동자가 심각한 과노동 상태에 빠져 있다는 것을 인식하고, 이 연령층의 과중 노동 경감, 과로사 예방과 정신건강을 위해 특별한 활동을 벌인다.

○ **과중 노동의 방지에 나서고, 만일 과로사 등이 일어날 경우에는 산재 신청을 지원한다**

직장에서 과로사나 과로 자살 등 건강장애가 발생하지 않도록 평소 과중 노동의 방지나 정신건강을 포함한 노동자의 건강관리에 힘쓴다. 불행하게도 직장 동료가 과중 노동에 의한 뇌·심장 질환으로 사망하거나 노동능력을 손상당한 경우에는 조합 차원에서 본인이나 가족의 산재 신청 및 과로사 재판에 가능한 한 지원의 손길을 내민다.

○ **36협정은 1일 2시간, 연 150시간을 한도로 체결하고, 인원 확보에 힘 쓴다**

노동기준법 36조에 근거한 시간외·휴일 노동에 관한 협정 (36협정)을 체결하지 않고 사용자가 노동자에게 시간외·휴 일 노동을 명하는 것은 위법이라는 것을 인식하고, 36협정을 맺을 때는 1일 2시간, 연 150시간을 한도로 체결하고 항시적 인 잔업에 의존하지 않도록 필요한 인원 확보에 힘쓴다.

○ **커플 노동시간의 증대를 멈추려는 견지에서 노동시간의 단축에 힘쓴다**

맞벌이의 증대와 여성의 전일제 노동 경향이 '커플 노동시간 (부부의 합계 노동시간)'을 증대시키고, 가정생활과 지역사회의 유지를 곤경에 빠뜨려 육아의 위기를 낳는다는 것을 중시함 으로써 커플 노동시간의 증대를 멈추려는 견지에서 노동시 간의 단축에 힘쓴다.

○ **파트타임 노동자의 조직화에 힘을 기울이고 정규직과 파트타임에 대 한 공평한 처우를 꾀한다**

노동조합의 조직률 저하를 막기 위해서도, 파트타임 노동자 (프리타 포함)의 조직화에 힘을 기울인다. 아울러 정규직과 파 트타임 사이의 시간에 따른 평등을 중시하고, 파트타임의 임 금과 처우를 개선해 파트타임에서 정규직으로, 또는 정규직

죽도록 일하는 사회

에서 파트타임으로 이행하는 것이 쉽도록 한다.

○ **IT에 의한 노동의 과중화와 스트레스 증대를 직시하고 IT 대책에 힘 쓴다**

정보 시스템화와 네트워크화의 진전에 따라 업무량과 스트 레스가 증대하는 현실을 중시하고, IT에 대한 대응책을 마련 해 과중 노동 방지, 건강장애 대책 및 정신건강에 힘쓴다. 또 휴대전화와 이메일이 개인의 자유시간이나 가정생활을 함부 로 침해하지 않도록 사용자와 명확하게 약속해놓는다.

Ⅲ 기업은 무엇을 해야 할까?

○ **노동자의 가정생활이나 사회 참여에도 유의해 노동시간을 단축한다**

노동시간을 파악하고 관리할 때, 가사시간, 생활필수시간(수 면·식사 등), 자유시간 등이 생활해 필요하다는 점에 충분히 유의함으로써 후생노동성의 〈소정외 노동 삭감 요강〉이 지적 하듯 창조적 자유시간의 확보, 가정생활에 충실, 사회 참여의 촉진, 건강과 창조성의 확보, 노동자가 일하기 편한 환경 조 성 등 종합적인 견지에서 노동시간의 단축을 진척시킨다.

○ 업무량에 따른 인원 계획을 책정하고 적절한 인원을 배치함으로써 항시적 잔업에 대한 의존도를 낮춘다

잔업은 줄이고 항시적 잔업 의존은 없애는 것을 원칙으로 업무량에 따른 인원 계획을 책정하고, 예비 인원을 포함해 적절한 인원을 배치하여 불합리한 근무 체제를 개선한다. 잔업은 원래 특별한 업무상 이유에 의한 일시적·임시적 업무량의 증대에 대응하는 것일 뿐, 항시적·계획적 잔업은 해소한다.

○ 서비스 잔업과 휴일 노동을 지양한다

노동기준법의 규정에 따르면 1주일 40시간, 1일 8시간의 법정 노동시간을 초과해 일을 시키거나 주1일 법정 휴일에 일을 시킨 경우는 통상의 임금뿐 아니라 초과 수당을 지급해야 한다. 위반하면 임금 미지급과 초과 수당 미지급이라는 이중 위법행위가 되어 6개월 이하 징역 또는 30만 엔 이하의 벌금에 처한다. 종업원에게 서비스 잔업을 시키지 않기 위해서는 서비스 잔업이 기업의 범죄라는 것을 명시하고 법령 준수에 힘쓴다.

○ 연휴의 완전 취득을 전제로 인원 계획을 재고하고 업무 체제를 정비한다

종업원의 연차 유급휴가 취득을 촉진하기 위해 연휴의 완전

죽도록 일하는 사회

취득, 장기 연속휴가의 보장, 휴가 취득자의 업무 대체 등을 전제로 인원 계획을 재고하고 업무 체제를 정비한다. 가능한 한 노사 일체로 위원회를 설치하고 연차 유급휴가의 취득 상황을 그때그때 점검하고 휴가를 강력하게 독려한다.

○ 과로사나 과중 노동에 의한 건강장애의 방지에 힘쓴다

과로사나 과로 자살, 과중 노동에 의한 노동자의 건강장애를 방지하기 위해 모든 직장의 모든 노동자에 대해 노동실태를 개별적으로 파악한다. 특히 불규칙한 근무, 구속시간이 긴 업무, 출장이 많은 업무, 교대제 근무, 심야 근무, 정신적 긴장이 따르는 업무 등은 장기간에 걸친 피로의 축적이 생기지 않도록 노동자의 심신 건강에 특별히 배려한다.

○ 해외 사업을 전개할 때 국제노동기준을 준수한다

나라와 지역을 불문하고 해외에서 사업을 벌일 경우에는 현지 노동자에게 저임금을 지급하고 노동조건이 열악한 착취 공장에서 일을 시킴으로써 부당한 이익을 올리는 일이 없도록 국제노동기준을 준수한다.

IV 법률이나 제도를 어떻게 개설할까?

○ 36협정의 유효성을 다시 생각하고 1일 잔업의 상한을 원칙적으로 2
시간으로 정한다

36협정은 노동조합이 시간외 노동(잔업)의 연장과 휴일 노동
을 제어하는 명분이 되지만, 실제로는 조합의 유무에 관계없
이 기업 측은 잔업과 휴일 노동에 관해 거의 무제한의 자유를
누려왔다. 36협정이 이렇듯 잔업 제한에 무력한 근본적인 원
인은 노동기준법이 갱내 노동 등 건강에 특히 유해한 업무의
잔업은 '1일 2시간을 넘어서는 안 된다'고 정해놓은 것 이외
에는 1일 잔업시간에 대해 법적 강제력이 있는 어떤 한도도
정해놓지 않은 데 있다.

제4장에서도 언급한 후생노동성의 '과중 노동에 의한 건강장
애 방지를 위한 종합 대책'은 잔업이 월 45시간을 넘을 경우에
는 직장의 건강관리에 대해 산업 의사의 조언 지도를 받는 것
이 바람직하다고 해놓았다. 이것은 잔업이 평균 잡아 1일 2시
간을 넘으면 건강관리상 문제가 생길 수 있다는 것을 시사한
다. 건강문제뿐 아니라 개인생활이나 가정생활을 고려한다
면, 평균 1일 2시간을 넘는 잔업은 여유로운 생활을 힘들게
하고 워크·라이프·밸런스에 중대한 지장을 낳는다.

이런 점을 고려해 8시간 노동제를 공동화시키는 노동기준법

의 36조는 폐지하고, 1일 잔업시간의 상한을 원칙적으로 2시간으로 정하는 새로운 조문을 설정해야 한다.

○ **연휴의 완전 취득을 장려하고 연속휴가 제도를 도입하기 위해 ILO 132호 조약을 비준한다**

일본의 연차 유급휴가는 법적 제도로 보면 첫해에는 6개월 연속 근무에 10일, 2년 6개월까지는 1년마다 1일 추가, 이후에는 1년마다 2일 추가로, 근무를 시작해 8년 6개월이 지나면 20일이 됨으로써 이후 매년 최고 20일이 주어진다. 그러나 실제로는 그것의 절반도 취득하지 못한다(2004년 취득률은 47퍼센트).

이것을 첫해부터 연간 24일 부여한다고 치고, 1개월이라도 동일한 고용주 아래에서 연속해서 근무하면 첫해라도 1개월당 12분의 1(2일)의 휴가를 부여하는, 알기 쉬운 제도로 개선한다. 병결을 연휴로 충당하는 일이나 연휴를 돈으로 사는 것을 금지한다.

국토교통성의 사이트는 '여유로운 휴가'를 장려하는 페이지에서 '여유로운 휴가의 국제 수준'으로서 최저 10일(주말을 넣어 연결하면 14일)의 연속휴가를 내건 ILO 132호 조약을 소개하고, 부모자식의 대화 형식을 빌어 아버지가 아들에게 "글로벌화라는 말을 자주 하는데, 휴가도 이제는 국제 수준에 맞출 필요가 있지 않을까?" 하고 해설한다. 실로 그래야 한다. 일본도 ILO 조약에 버금가는 연속휴가 취득을 제도화해야 한다.

○ **영업시간에 대한 사회적 기준을 설정해 무제한 연장을 저지한다**

최근에 이미 대부분의 점포가 24시간(종일) 영업으로 돌아선 편의점은 말할 것도 없고, 슈퍼, 전문점, 기타 소매점에서도 영업시간을 늘려 종일 영업에 나선 곳이 늘고 있다. 백화점도 12시간을 넘게 영업시간을 연장하는 경향이 강해지고 있다. 파칭코 사업장도 최근에는 오후 11시까지 영업하는 곳이 늘고 있다. 영업시간의 연장에 대해서는 규제완화가 되어 지방 자치체나 정부 명령 지정 도시에 서류만 제출하면 그만이고, 사실상 아무런 법적 규제도 없는 상태가 되었기 때문이다.

'폐점 시간법'이 있는 독일에서도 규제완화의 흐름 가운데 영업시간이 길어지는 경향이 있다. 그럼에도 일요일, 공휴일 및 평일 오후 8시부터 다음 날 아침 6시까지는 영업을 금지한다는 점에서 영업시간 연장에 거의 제한이 없는 일본과 비교한다면 독일에는 훨씬 강력한 규제가 남아 있는 셈이다.

일본이 독일과 비슷한 수준의 규제를 도입하는 것은 어렵다고 해도, 편의점이나 슈퍼, 대량 판매점의 심야 영업 및 종일 영업은 그곳에서 일하는 사람들의 건강 유지, 주변의 생활환경 유지, 영세한 가족 경영의 보호를 위해 사회적으로 규제하

죽도록 일하는 사회

는 것이 바람직하다.

○ **노동시간을 연장할 우려가 있는 서머타임을 도입하지 않는다**

중앙환경심의회지구환경부회는 지구온난화 대책의 일환으로 '서머타임(4~10월에 시계를 1시간 빠르게 설정해 낮 시간을 연장하는 제도)'의 도입을 제언한다. 그러나 업무 개시 시각은 있어도 업무 종료 시각은 없는 것이나 마찬가지인 일본의 기업 사회에서는 서머타임을 실시하면 업무 개시는 1시간 빨라져도 업무 종료는 이전과 그대로이기 때문에 노동시간이 길어질 가능성이 높다. 폐점 시간을 늦추는 형태로 영업시간을 연장해온 소매업이나 서비스업에서는 개점시간을 앞당기는 방향으로 영업시간과 노동시간이 연장될 것이다. 따라서 이러한 우려가 큰 서머타임 제도는 도입하지 않아야 한다.

○ **노동기준감독서의 감독 지도를 강화하기 위해 노동기준감독관의 인원수를 늘린다**

최근 후생노동성은 도도부현都道府* 노동국과 노동기준감독서를 통해 임금 미지급 잔업(서비스 잔업)의 시정 지도를 강화하고 있다. 그렇지만 감독의 실시율은 위법 행위가 만연한 상태에 비하면 지나치게 낮다. 노동기준법 제정 직후인 1948년에 2,841명이었던 노동기준감독관 수는 2003년도에 3,623명이 되었지만, 그사이에 감독 적용 사업장 수는 10배 이상으로 증가했다. 그 결과 노동기준법 제정 직후인 1948년에 36퍼센트였던 감독 실시율은 최근에 5퍼센트로 떨어졌고, 어느 해에는 4퍼센트에 그친다. 4퍼센트의 실시율로는 전체 사업장을 한 바퀴 도는 데만 해도 25년이 걸린다. 이래서는 효력 있는 감독을 기대할 수 없다.

서비스 잔업뿐만 아니라 노동기준법의 위반 행위에 대해 노동기준감독서의 지도 감독을 강화하기 위해서는 노동 감독관의 인원수를 대폭 늘릴 필요가 있다.

이상의 지침과 대책은 지극히 당연하다고 여겨지는 것을 포함해 어느 것이나 다 실행하고 실시하는 데 여러 어려운 점이 예상된다. 그러나 많은 사람들이 목소리를 높인다면 제도는 바뀌기 시작한다. 일단 문제가 첨예해지고 제도가 변하기 시작하면 어제까지 곤란하게 여겨지던 것이 실행 가능해지는 조건이 되는 법이다.

사망자 5명, 부상자 6명을 낸 2004년 8월 간사이전력 미하마美浜원자력발전소(후쿠이현 미하마초福井県美浜町)의 배관파손 사고에서는 간사이전력의 독자적 기준에 의한 안전관리가 문제로 떠올랐고, 원자

---

* 일본의 광역 자치 단체인 도都(도쿄 도), 도道(홋카이도), 부府(오사카 부와 교토 부), 현県(나머지 43개)를 묶어 이르는 말이다.

죽도록 일하는 사회

력 발전에 대한 국가의 통일적인 안전기준을 강화할 필요성이 표면화되었다. 사망자 107명, 부상자 500명 이상을 낸 JR 니시니혼 다카라즈카선(후쿠치야마선)의 열차 탈선사고에서는 이익 우선·안전 나중의 경영이 문제화되어 철도 교통의 전국적인 안전기준이 필요하다는 인식이 새삼스레 높아졌다. 다수의 희생자를 내지 않으면 제도가 바뀌지 않는 현실은 한심하지만, 통일적인 안전기준의 필요성을 인식하고 구체화하는 것은 의의가 있다.

노동시간에 관해서도 노동기준을 지키지 않은 탓에 많은 희생자와 다양한 피해가 속출하고 있다. 이런 점에서 볼 때 아까 언급한 과노동을 방지하는 지침과 대책은 '인간다운 생활을 가능하게 하려면 사람들의 노동방식(노동시키는 방식)에 관해 일정한 기준이 필요하다'는 결론에 귀착한다.

돌이켜보면 1980년대 거품경제 속에서 일본인은 과노동으로 인해 번아웃 상태가 되었다. 그 후 장기적인 불황에 접어들어 경제적 침체는 여태껏 계속되고 있다. 경제의 회복을 늦추는 원인 중 하나는 한창 일할 나이에 소득이 있는 사람들이 지나치게 바쁜 나머지 소비할 시간이 없는 것, 피로에 절은 사람들이 활력을 잃어 생산성이 떨어지는 것 등을 꼽을 수 있다. 개인 소비가 활발해지려면 사람들의 여가 활동이 활발해져야 한다. 실업의 공포에 짓눌려 목이 졸리는 상태가 이어지기만 한다면, 생산성을 높일 수는 없다. 진정한 의미로 경제를 회복시키기 위해서는 노동시간을 단축하고 개인의 소비를

확대함과 동시에 노동자가 편하게 일할 수 있는 직장을 만들어내야
한다.

일본경제신문사는 2004년에 모니터 노동자 1,000명을 대상으로
'일하기 편한 회사'에 관한 설문조사를 실시했고, 855명으로부터 회
답을 얻었다. 미리 설정한 30개 질문 항목 중에서 '일하기 편한 환
경'을 둘러싸고 어떤 항목을 중시하는지 물었다. 제1위는 '연차 유
급휴가를 보장받을 것'(49퍼센트), 제2위는 '실제 노동시간이 적정할
것'(42퍼센트)이라고 답했다(《일본경제신문》, 2004년 6월 22일).

이 결과를 보더라도 앞으로 일본에서는 경제적 안정을 도모하기
위해서라도 과노동에 브레이크를 걸어 서비스 잔업이나 과로사가
없는 올바른 노동방식이 존재하는 직장, 인간답게 생활할 수 있는 사
회를 만들어나가는 것이 중요하다.

후기

이 책을 집필하고자 결심한 동기는 세 가지였다.

하나는 대학을 떠나 사회로 나가는 학생들을 생각하는 마음이다. 대기업을 중심으로 어느 정도 경기가 나아지는 가운데 초빙하기라고 일컬어지던 시기에 비하면 대졸자의 취직 상황은 약간 나아졌다. 그렇지만 지금도 취직난은 여전하기만 하다. 학생들은 취직을 희망하는 곳에 일단 인터넷으로 70~80군데 정도 등록하고, 20~30군데 회사나 관공서의 취직 설명회에 나가 엔트리시트(자기PR)를 제출한다. 그중 몇 군데에서 적성검사와 필기시험을 치르고 면접을 보고, 반년 남짓 취직활동을 벌인 끝에 한두 군데에서 내정 통지를 받으면 그나마 다행이다. 여학생은 남학생보다 한층 상황이 좋지 않다.

그중에는 길고 긴 취직활동에도 납득할 만한 일거리를 찾지 못하고, 본의 아니게 프리타로 일하기 시작하는 사람도 있다. 그 경우에

죽도록 일하는 사회

는 전일제 못지않게 일하더라도 연간 수입 200만 엔도 채우지 못한다. 혼자 자립해서 살아가기에는 빠듯한 임금이다.

다행히 원하던 회사에 정규직으로 취직해도, 그곳에서 기다리는 현실은 주 50시간이면 그나마 다행이고 종종 주 60시간을 넘는 장시간 노동이다. 업무가 지나치게 힘들어 오래 근무하지 못하고 1~2년 안에 이직하든지 프리타가 되는 사람도 적지 않다.

세대별·성별로 볼 때 가장 과노동에 처한 계층은 30대 남성이다. 그들은 평균 주 50시간, 4명 중 1명(24퍼센트)은 주 60시간 이상 일한다(총무성, 〈노동력 조사〉, 2004년 평균). '이 중에는 내 강의를 들었던 졸업생들도 있겠지' 생각하면 가슴이 아프다. 재학생과 졸업생에 대한 이런 마음 때문에 이 책을 쓰기로 마음먹었다.

두 번째는 약 30년 전에 졸업생의 권유로 오사카 손해보험회사 노동자 서클의 세미나에 참여한 일이다. 이 책은 2003년 가을부터 2004년 봄까지 5회에 걸친 내 보고를 바탕으로 쓰였다. 즉 제1회 '인간 발달과 노동시간의 제한·단축', 제2회 '고용 파괴의 진전과 노동시간의 양극화', 제3회 'IT가 노동시간에 미치는 영향과 디지털 스트레스', 제4회 '급작스럽게 증대하는 서비스 잔업의 고발·시정', 제5회 '세계로 퍼져가는 과로사·과중 노동'이 그것이다.

대학 바깥에서 열린 이 세미나에서 나는 과중 노동과 서비스 잔업에 대해 여론의 비판이 강해지고 후생노동성의 감독이 강화되어 밤 9시 이후에 천정의 전깃불이 강제로 꺼지면, 컴퓨터 화면의 불빛과

전기스탠드를 이용해 잔업을 계속하는 '반딧불족' 이야기를 들었다. 인원이 줄어드는 일은 있어도 늘어나는 일은 없는 직장에서는 잔업 삭감만 추구함으로써 '잔업을 하는 것은 능력이 없기 때문'이라고 추궁당한다는 사례도 들었다. 어떤 회사에서는 본인의 동의를 얻어 상여금 없고, 퇴직금 없고, 1시간에 1,400~2,500엔을 받는 시급제 사원으로 교체하는 계획을 세우기도 했단다. 이러한 사례는 통계 자료로는 얻을 수 없는 현장 감각을 가르쳐주었다.

세 번째는 최근 10년 남짓 힘을 기울여온 번역 작업이다. 줄리엣 B 쇼어의 《지나치게 일하는 미국인》(1993년)과 《낭비하는 미국인》(2000년), 질 안드레스키 프레이저의 《화이트칼라의 위기》(2003년) 등의 문헌은 세계적으로 확산되는 과노동을 고찰할 때 귀중한 정보와 관점을 제공해주었다. 아오키 게이스케, 가와히토 히로시, 나루세 다쓰오, 히다 미사코 등과 의견을 교환하면서 얻은 것도 많았다.

이 책에서는 현대를 '과노동 시대'라고 파악하고 '글로벌 자본주의', '정보자본주의', '소비자본주의', '프리타 자본주의'가 그 주요한 배경이라는 것을 규명했다. 이 관점에 조금이라도 새로움과 현실감이 있다면 나는 누구보다도 쇼어 씨와 프레이저 씨에게 그 공을 돌려야 한다. 아울러 프리타 자본주의에 대해서는 나카노 구미코 씨의 《미국의 비정규 고용》(2000년)에서 배운 바가 많다.

이 책이 만들어지기까지 그 밖에도 많은 사람의 협력과 조언이 있었다. 오사카과로사문제 연락모임의 변호사 마쓰마루 다다시 씨와 이와키 유타카 씨에게는 산재 신청이나 재판에 관한 각종 정보를 얻는 데 도움을 받았다. 오사카 노동건강 안전센터에도 신세를 졌다.

내 연구를 온갖 방식으로 지원해준 간사이대학 경제학부의 교직원 여러분께도 감사를 드린다. 사회인이 주체인 대학원생의 발표를 통해 배운 바 많았다. 기초경제과학연구소에서 논의한 '인간 발달의 경제학'은 연구 경력 30년의 원천 중 하나였다. 은사인 야마자키 사토시 선생님과 이케가미 준 선생님께는 노동이라는 색다른 분야의 신서를 그런 대로 써낼 수 있게 되었다고 보고드리고 싶다.

이제까지 번역서나 소책자를 낼 때 신세를 졌던 이와나미쇼텐岩波書店의 우에다 마리 씨는 이번 책 때문에 특별히 수고가 많았다. 우에다 씨는 철저하게 일 중심의 인간이기 때문에 '과노동'에 관해서는 일가견이 있으며, 덕분에 유익한 시사점을 얻었다. 나는 나대로 이 책의 기획이 통과한 직후에 간사이대학의 경제학부 부장으로 선출되는 바람에 이전보다 더욱 바빠졌다. 이렇듯 이 책은 일벌레 인간 두 사람이 논의해가면서 만든 과노동의 산물이다. 그만큼 실감 있게 만들어졌다는 것만큼은 보증할 수 있다.

마지막으로 개인적인 일이지만 이번에도 각각의 방식으로 내 작업을 도와준 아내와 장모님, 그리고 아이들에게 감사의 인사를 전한다.

2005년 7월

모리오카 고지

참고문헌

※일본어 문헌은 아이우에오 순이며, 일본어 번역본의 () 안은 원서 출판년도,
관청 자료는 URL 생략, 영어 문헌은 ABC 순이다.

ILO条約の批准を進める会『国際労働基準で日本を変える』大月書店, 1998年
J. アタリ『時間の歴史』蔵持不三也訳,原書房, 1986(1982)年
足達英一郎「中国における日系企業のCSRリスク」2005年　1月
〈http://www.csrjapan.jp/reserch/newsletter/index.html〉
池上惇・二宮厚美編『人間発達と公共性の経済学』桜井書店, 2005年
池澤夏樹『むくどりとしゃっきん鳥』朝日新聞社, 1998年
上原隆『友がみな我よりえらく見える日は』幻冬舎, 1999年
T. B. ヴェブレン『有閑階級の理論』高哲男訳,筑摩書房, 1998(1899)年
NHK放送文化研究所世論調査部『生活時間の国際比較』大空社, 1995年
NHK『国民生活時間調査』1970年版, 2000年版
大阪過労死問題連絡会編『Q&A 過労死・過労自殺110番』民事法研究会,
2003年
大沢真理『企業中心社会を超えて―現代日本を「ジェンダー」で読む』時事通
信社, 1993年
大野正和『過労死・過労自殺の心理と職場』青弓社, 2003年
岡村親宜『過労死・過労自殺救済の理論と実務』旬報社, 2002年
小倉一哉・藤本隆史「日本の長時間労働・不払い労働時間の実態と実証分
析」労働政策研究・研修機構「労働政策研究報告書」第22号, 2005年
小貫雅男『菜園家族レボリューション』社会思想社, 2001年
小貫雅男・伊藤恵子『森と海を結ぶ菜園家族―21世紀の未來社會論』人文書
院, 2004年
角橋徹也「オランダの男女平等社会現実シナリオ」『経済』2001年4月号
過労死弁護団全国連絡会議編『KAROSHI[過労死]』窓社, 1990年
川人博『過労死』岩波新書, 1998年
関西大学『平成12年度　学生生活実態調査』
〈http://www.kansai-u.ac.jp/gakusei/folder_6/h12/h12.html〉
基礎経済科学研究書編『労働時間の経済学』青木書店, 1987年
熊沢誠『能力主義と企業社会』岩波新書, 1997年

죽도록 일하는 사회

熊沢誠「階層化にゆらぐ労働者イメージ」『職場の人権』第33号, 2005年3月
J. M. ケインズ「我が孫たちの経済的可能性」宮崎義一訳『ケインズ全集』第9巻, 東洋経済新報社, 1981(1930)年
経済産業省「商業統計速報」2004年
経済産業省「2003年度海外事業活動基本調査結果概要」2005年3月
経済編輯部編『仕事と生活が壊れてゆく』新日本出版社, 2004年
厚生省『平成元年度 人口動態社会経済面調査報告 壮年期死亡』厚生統計協会, 1991年
厚生労働省『毎月勤労統計調査』
厚生労働省『賃金構造基本統計調査』2001年
厚生労働省「所定外労働削減要綱」2001年10月
厚生労働省『労働経済白書』2001年版, 2002年版
厚生労働省「過重労働による健康障害防止のための総合対策」2002年2月
厚生労働省「賃金不払残業総合対策要綱」2003年
厚生労働省「第3回 仕事と生活の調和に関する検討会議・関係資料(イギリス貿易産業省の取組)」2003年12月
厚生労働省「平成15年就業形態の多様化に関する総合実態調査結果の概況」2004年
厚生労働省『労働経済白書』2003年版, 2004年版
厚生労働省「平成15年技術革新と労働に関する実態調査結果の概況」2004年8月
厚生労働省「監督指導による賃金不払残業の是正結果」2004年9月
厚生労働省「脳・心臓疾患及び精神障害等に係る労災補償状況」2004年, 2005年
厚生労働省「派遣労働者数236万人に増加」2005年2月
国土交通省「平成15年度宅急便取り扱い実態について」2004年6月
国民生活審議会総合政策部会『個人の生活を重視する社会へ』大蔵省印刷局, 1992年
国民生活審議会総合企画部会 雇用・人材・情報化委員報告「働き方とライフスタイルの変革」2002年7月
M. サーリンズ『石器時代の経済学』山内昶訳, 法政大学出版局, 1984(1972)年
最高裁判決「電通青年社員過労自殺事件判決」2000年3月24日
〈http://www.campus.ne.jp/~labor/hannrei/Attention/dentuu_saikousai.html〉
桜井純理『何がサラリーマンを駆りたてるのか』学文社, 2002年

島本慈子『ルポ解雇—この国でいま起きていること』岩波新書, 2002年

清水耕一「フランス35時間労働法の性格と意義」同志社大学『経済学論叢』
第54巻第4号, 2003年3月

J. B. ショア『働きすぎのアメリカ人—予期せぬ余暇の減少』森岡孝二・青木
圭介・成瀬龍夫・川人博訳, 窓社, 1993(1992)年

J. B. ショア『浪費するアメリカ人—なぜ要らないものまで欲しがるか』森岡
孝二監訳, 岩波書店, 2000(1998)年

しんぶん赤旗国民運動部編『「仕事が終わらない」告発・過労死』新日本出
版社, 2003年

総務省『社会生活基本調査』1991年版, 2001年版

総務省『就業構造基本調査』2002年版

総務省「住民基本台帳人口移動報告年報　平成15年統計表」2004年3月

総務省『情報通信白書』2004年版, 2005年版

大東文化大学『平成15年度学生生活アンケート』
〈http://www.daito.ac.jp/kouhou/data/anke.html〉

田中夏子・杉村和美『スローな働き方と出会う』岩波書店, 2004年

田中重人「男女共同参画社会の実現可能性」『季刊家計経済研究』第60号,
2003年10月

角山栄『時計の社会史』中公新書, 1984年

島村菜津『スローな人生!—イタリアの食卓から始まる』新潮文庫, 2003년

J. S. デューゼンベリー『所得・貯蓄・消費者行動の理論』大熊一郎訳, 巌松堂
出版, 1969(1949)年

R. ドーア『働くということ—グローバル化と労働の新しい意味』石塚雅彦訳,
中公新書, 2005年

内閣府国民生活審議会『国民生活白書』2003年版, 2004年版

中山和久『ILO条約と日本』岩波新書, 1983年

仲野組子『アメリカの非正規雇用—リストラ先進国の労働実態』桜井書店,
2000年

日本経営者団体連盟『新時代の「日本的経営」』日本経営者団体連盟, 1995年

農商務省商工局『職工事情』上, 犬丸義一校訂, 岩波文庫, 1998(1903)年

坂東興『心臓外科医』岩波新書, 1999年

パク・ジョアン・スックチャ『会社人間が会社をつぶす—ワーク・ライフ・バ
ランスの提案』朝日新聞社, 2002年

J. A. フレイザー『窒息するオフィス　仕事に強迫されるアメリカ人』森岡孝

二監訳, 岩波書店, 2003(2001)年

C.ブロード『テクノストレス』池央耿・高見浩訳, 新潮社, 1984(1984)年

G. M. ホジソン『経済学とユートピア―社会経済システムの制度主義分析』若森章孝・小池渺・森岡孝二訳, ミネルヴァ書房, 2004(1999)年

細川汀『かけがえのない命よ―労災職業病・日本縦断』文理閣, 1999年

M. ホワイト『労働時間―短縮の可能性を評価する』水野谷武志・伊藤陽一訳, 梓出版社, 1996(1987)年

本多淳亮・森岡孝二編『脱[サービス残業]社会―いま日本の働き方を考える』労働旬報社, 1993年

横田増生『アマゾン・ドット・コムの光と影―潜入ルポ』情報センター出版局, 2005年

K. マルクス『資本論』第1巻, 上・下([マルクスコレクション]IV, V), 今村仁司・三島憲一・鈴木直訳, 筑摩書房, 2005(1867)年

宮内義彦『経営論』東洋経済新報社, 2001年

森岡孝二『企業中心社会の時間構造―生活摩擦の経済学』青木書店, 1995年

森岡孝二『日本経済の選択―企業のあり方を問う』桜井書店, 2000年

森岡孝二・三浦克己・八木紀一郎編『21世紀の経済社会を構想する』桜井書店, 2001年

森岡孝二「過労死・過労自殺をめぐる日米比較」『労働の科学』第59巻 第6号, 2004年6月

森岡孝二「アメリカの労働時間論争と働きすぎの実態」『関西大学経済論集』第54巻 第3~4号, 2004年11月

森岡孝二「現代資本主義における雇用関係の変容と市場個人主義」『季刊経済理論』第42巻 第1号, 2005年4月

森岡孝二「ワーキング・プア―アメリカの底辺を支える人々」『大阪保険医雑誌』2005年6月号

森永卓郎『年収300万円時代を生き抜く経済学』光文社, 2003年

八代尚宏『雇用改革の時代―働き方はどう変えるか』中公新書, 1999年

山﨑喜比古「ホワイトカラーにみる疲労・ストレスの増大とライフスタイル」『日本労働研究雑誌』第389号, 1992年

山田昌弘『パラサイト・シングルの時代』ちくま新書, 1999年

R. B. ライシュ『勝者の代償―ニューエコノミーの深淵と未来』清家篤訳, 東洋経済新報社, 2002(2001)年

リクルート・ワークス研究所「非典型雇用労働者調査2001」2001年

〈http://www.works-i.com/pdf/4hhtk.pdf〉

G. リッツア『マクドナルド化する社会』正岡寛司監訳, 早稲田大学出版部, 1999(1993)年

連合総研「ITの仕事と職場組織に与える影響に関する調査」2003年5月

労働政策研究・研修機構『Business Labor Trend』2004年6月号, 2005年6月号

I. ワード「コミュニティとなったアメリカ企業」齋藤かぐみ訳,『ル・モンド・ディプロマティーク』2002年3月

脇田滋『派遣・契約社員 働き方のルール』旬報社, 2002年

渡邉正裕『これが働きたい会社だ』幻冬社, 2004年

Benner, C. and A. Dean(2000) "Labor in the New Economy : Lessons from Labor Organizing in Silicon Valley", in C. Francoise J., M. Ferber, L. Golden and S. A. Herzenberg eds., *Nonstandard Work : The Nature and Challenges of Emerging Employment Arrangements*, Cornell University Press.

Bluestone, B. and S. Rose(2000) "The Enigma of Working Time Trends", in L. Golden and D. M. Figart eds., *Working Time : International Trends, Theory and Policy Perspectives*, London and New York, Routledge.

Bowles, S. and Y. Park(2001) "Emulation, Inequality and Work Hours : Was Thorstein Veblen Right?", Amherst U. Mass Working Paper.

Current Population Survey(2001) "Contingent and Alternative Employment Arrangements", Table 5.

Dore, R(2004) "New Forms and Meanings of Work in an Increasingly Globalized World", ILO 〈http://www.ilo.org/public/english/bureau/inst/download/dore.pdf〉

Epstein, C. F. and A. L. Kalleberg(2004) *Fighting for Time : Shifting Boundaries of Work and Social Life*, Russell Sage Foundation, New York.

European Labour Force Survey(2004) "Usual Hours Worked per Week, 2003". 〈http://www.eds-destatis.de/downloads/sif/nk_04_14.pdf〉

Evans, J. M., D. C. Lippoldt and P. Marianna(2001) "Trends in Working Hours in OECD Countries", Labour Market and Social Policy : Occasional Papers No. 45.

Garson, B.(1988) *The Electronic Sweatshop : How Computers are Transforming the Office of the Future into the Factory of the Past*, Penguin Books, New York.

Hazards(2003) "Drop Dead", No. 83, July-Sept. 〈http://www.hazards.org/

workedtodeath/〉

ILO(1999) "Americans work longest hours among industrialized countries, Japanese second longest", ILO News 6 September.

Jacobs, J. A. and K. Gerson(2004-a) *The Time Divide : Work, Family, and Gender Inequality*. Harvard University Press, Cambridge, Massachusetts.

Jacobs, J. A. and K. Gerson(2004-b) "Understanding Changes in American Working Time : A Synthesis", in (Epstein and Kalleberg eds. 2004).

Messenger J. C.(2004) *Working Time and Workers' Preference in Industrialized Countries : Finding the Balance*, Routledge, London and New York.

Morioka, Koji(2004) "Work Till You Drop", New Labor Forum, Vol.13, March.

Oliver, N. and B. Wilkinson(1992) *The Japanization of British Industry : New Developments in the 1990s*, Blackwell Publishers ; 2nd edition.

Reiss, M.(2002) "American Karoshi", *New Internationalist*, March, 2002.

Shipler, D. K.(2004) *The Working Poor : Invisible in America*, New York, Random House Inc.

Yano Masakazu(2004) "Can Japanese Families Change Their Lifestyle?', in ILO(2004) Work in the Global Economy : Papers and Proceedings of an international symposium.

죽도록 일하는 사회

초판 1쇄 인쇄 2018년 4월 19일
초판 1쇄 발행 2018년 4월 27일

지은이	모리오카 고지	펴낸곳	도서출판 지식여행
옮긴이	김경원	출판등록	제2-3151호
펴낸이	신민식	주소	서울시 마포구 토정로 222
			한국출판콘텐츠센터 319호
편집인	최연순	전화	02-333-1122
책임편집	정혜지	팩스	02-333-6225
		이메일	jkp2005@hanmail.net
		홈페이지	www.sirubooks.com
		인쇄·제본	(주)현문자현
		종이	월드페이퍼(주)

ISBN   978-89-6109-495-5 (03300)

이 도서의 국립중앙도서관 출판예정목록(CIP)은 서지정보유통지원시스템 홈페이지(http://seoji.nl.go.kr)와 국가자료공동목록시스템(http://www.nl.go.kr/kolisnet)에서 이용하실 수 있습니다. (CIP 제어번호: CIP2018011722)